W0252904

Cultiver les orchidées

avec ou sans lumière artificielle

PASCAL DESCOURVIÈRES

Cultiver les orchidées

avec ou sans lumière artificielle

ULMER

Remerciements pour leur aide et leur soutien :
Manuel Aubron, Laurent Staboni, Jean-Marc Pallandre,
Geoff Launchbury et Rose-Marie Descourvières.

Photo 1ère de couverture :
Paphiopedilum hybride
de *callosum*
4e de couverture :
Phragmipedium kovachii,
espèce péruvienne
exceptionnelle
de découverte très récente.
Photo page 2 :
Masdevallia regina

Crédits photographiques :
Toutes les photos sont de Pascal Descourvières,
sauf : Marcel Lecoufle : 113, Jérôme Jullien : 105, 106 (2 photos du haut)

ISBN 10 : 2-84138-258-3
ISBN 13 : 978-2-84138-258-3
© Les Éditions Eugen Ulmer
8 rue Blanche 75009 Paris
Tél. : 01 48 05 03 03 - Fax : 01 48 05 02 04
www.editions-ulmer.fr
Conception graphique et réalisation : Guillaume Duprat
Photogravure : GCS, Montreuil
Impression : Alcione, Trento, Italie
Dépôt légal : 2e trimestre 2006
Printed in Italy

N° d'édition : 258-01

Sommaire

Réussir les orchidées en appartement

Au sein du monde végétal, les orchidées occupent une place de choix. Avec près de 30 000 espèces, elles représentent l'une des familles végétales les plus importantes...
C'est lors d'un voyage dans les zones tropicales de montagne que l'on prend conscience de leur incroyable diversité... mais aussi, tout simplement au hasard d'une exposition d'orchidées ou d'une visite chez un producteur spécialisé ou encore, plus simplement, dans une jardinerie : les orchidées hybrides y offrent une exubérance de coloris et de formes étranges, parfois déconcertantes... Ces hybrides se sont fortement démocratisés grâce aux nouvelles techniques de production horticole qui permettent d'obtenir en moins de deux ans des *Phalaenopsis* (ou orchidée papillon) en fleur. Maintenant, ces plantes sont offertes comme des bouquets de fleurs, avec l'avantage que les hybrides proposés ont des floraisons qui s'étalent sur deux à trois mois.
Une fois le *Phalaenopsis* défleuri, que faire ? Il ne s'agit pas d'un simple bouquet qui va à la corbeille, mais d'un être vivant que l'on peut tout à fait cultiver et faire refleurir en appartement. Ainsi, mon premier *Phalaenopsis* blanc et *Laeliocattleya* orange croissent et fleurissent depuis plus de quinze années... au milieu d'espèces botaniques plus rares et acquises par la suite !
En fait, la culture de nombreuses orchidées en particulier certains hybrides réussit fort bien en appartement, à condition de respecter quelques principes de base : les orchidées ont des exigences communes avec les autres plantes vertes mais aussi des besoins spécifiques.
Cultiver deux ou trois orchidées sur le rebord intérieur d'une fenêtre est assez facile, mais cela se complique un peu si l'on souhaite avoir un choix plus vaste de coloris

Vanda hybride bleu

Phalaenopsis 'Marquise'

et des fleurs tout au long de l'année. Assez rapidement, en feuilletant un manuel de culture ou une encyclopédie, on reste en admiration devant un Vanda aux grandes fleurs d'un rare bleu ciel ou devant l'étrange *Dracula vampira* des montagnes tropicales des Andes...
Dans les manuels, on lit « culture en serre tempérée froide » par exemple... ou bien « température nocturne de 10 à 14 °C », « soleil partiel le matin » etc. La culture de ces belles exotiques serait-elle donc interdite au citadin, ou au passionné de plantes, qui ne disposerait pas d'un jardin avec une serre ?
Certainement pas ! Avec un minimum d'installation comme un brumisateur, un ventilateur ou un complément de lumière artificielle, le champ du possible s'étend à de très nombreuses espèces botaniques et hybrides plus délicates. Et avec des installations plus complexes, quasiment toutes les orchidées sont cultivables hors d'une serre. Par exemple dans une petite pièce de 5 m^2 aménagée, ou *orchidarium*, certaines espèces très délicates comme les *Dracula* et les *Masdevallia*, prospèrent et croissent bien mieux que dans une serre où il est bien plus difficile de maintenir des conditions stables, en particulier au cœur de l'hiver ou lors des canicules estivales !
Ce livre vous présentera, du plus simple au plus complexe, les techniques et les matériels permettant de cultiver les orchidées en appartement, ainsi que des exemples concrets d'installations qui ont fait leurs preuves, avec un choix d'espèces qui y poussent et fleurissent et les fiches de culture correspondantes.

Principales caractéristiques

Dans ce chapitre nous aborderons les caractéristiques uniques et fascinantes des orchidées et de leur importance pour leur culture. Nous traiterons aussi de la façon de les nommer pour s'y retrouver parmi la diversité des espèces et des hybrides.

À droite : Hybride de *Paphiopedilum callosum*

COMMENT RECONNAÎTRE UNE ORCHIDÉE ?

Quelques notions de botanique qui peuvent paraître un peu complexes, mais indispensables pour comprendre les originalités de la fleur d'orchidée et plus tard reconnaître à coup sûr de nombreuses espèces en dehors des sentiers battus !

FLEUR TYPIQUE D'ORCHIDÉE

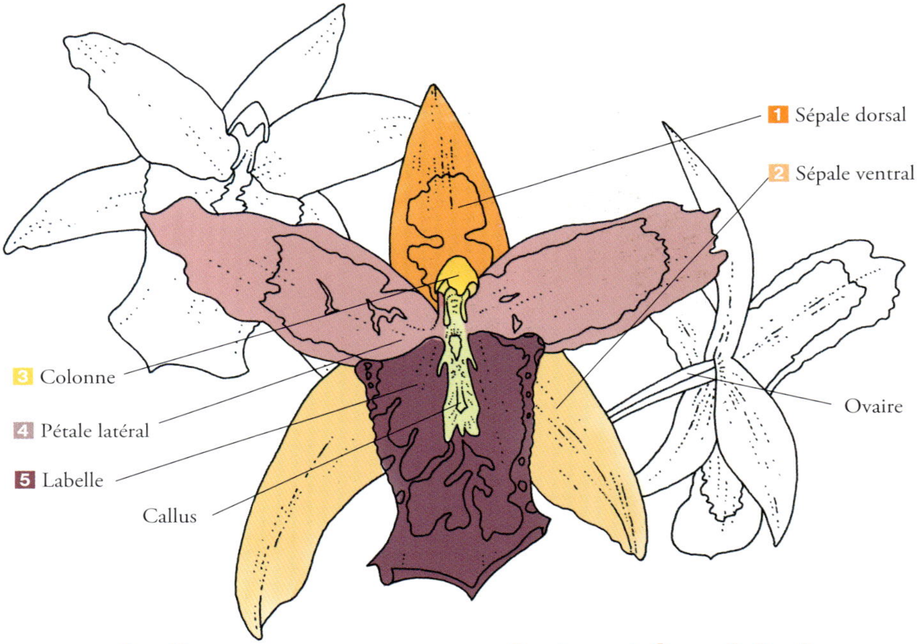

La fleur : un organe reproducteur très original

Face à la très grande diversité qui caractérise la famille des orchidées, il est surprenant de noter que toutes les fleurs de cette famille sont construites sur un même plan d'organisation. C'est un peu comme si la nature avait joué à composer des « variations sur un thème ». On aura donc compris que le principal caractère qui différencie l'orchidée des autres familles de plantes est la structure très originale de sa fleur. En effet, tout comme un Lis ou un Amaryllis (espèces évolutivement proches des orchidées), elle possède six pièces florales : trois sépales et trois pétales.

Les sépales sont en général tout aussi colorés que les pétales. Première différence : l'un des trois pétales est transformé en **labelle** qui joue le rôle de « piste d'atterrissage » pour l'insecte qui va polliniser la fleur. Ce labelle est très important pour déterminer une espèce. Ainsi, chez les « sabots de vénus » il est en forme de sabot, chez les *Dracula*, il est plus ou moins circulaire et imite un champignon, chez les *Masdevallia* et *Disa*, il est minuscule, Chez les *Bulbophyllum*, il est articulé et peut donc pivoter d'avant en arrière, chez les *Trichopilia*, il est plus ou moins enroulé en cornet et, à la fois souvent vivement coloré et ornementé...

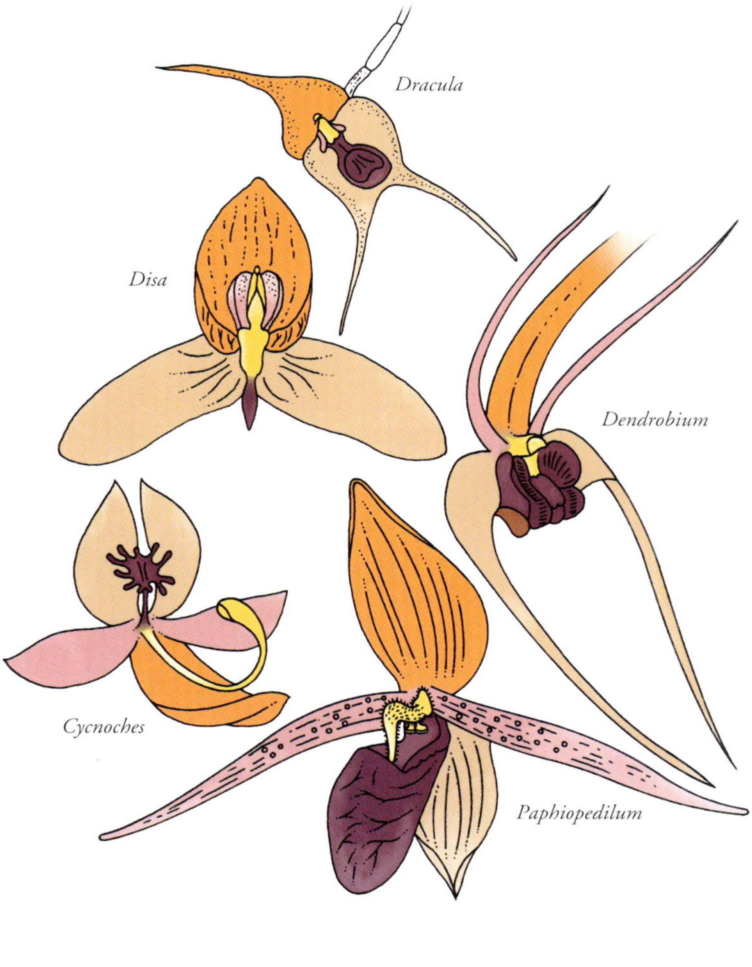

DIFFÉRENTES FLEURS D'ORCHIDÉES

Une diversité construite autour d'un seul plan d'organisation !

1 Sépale dorsal
2 Sépale ventral
3 Colonne
4 Pétale latéral
5 Labelle

UN EXEMPLE DE STRATÉGIE POUR ATTIRER L'INSECTE POLLINISATEUR

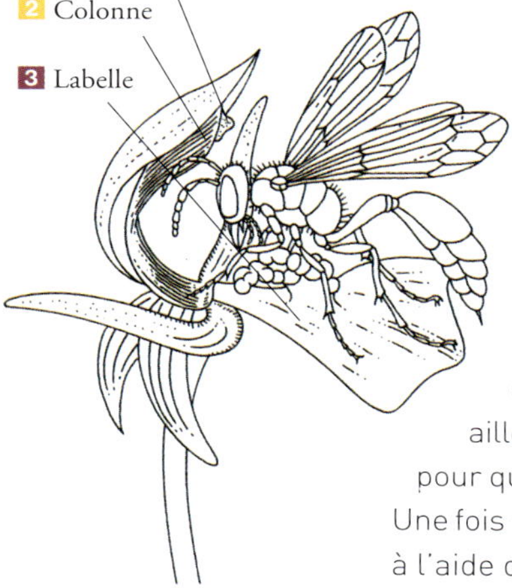

Chez les espèces du genre *Chiloglottis*, orchidées terrestres d'Australie, la pollinisation est effectuée seulement par certaines espèces de guêpes. L'insecte mâle est attiré par l'odeur (imperceptible pour l'homme) que dégage la fleur, et qui imite celle des phéromones sexuelles de la femelle. Une fois la guêpe mâle parvenue sur la fleur de *Chiloglottis*, le leurre continue! Ainsi, le labelle est garni à sa base de protubérances noires qui imitent la femelle... puis le mâle, qui essaie en vain de s'accoupler, cogne sa tête contre le bout de la colonne et les pollinies de l'orchidée se collent à sa tête. Le mâle repart, essaye à nouveau de s'accoupler avec une fleur voisine et y dépose les pollinies sur le stigmate collant du bout de la colonne: la pollinisation croisée de cette orchidée est donc assurée!

Des stratégies originales pour assurer la pollinisation !

Pour qu'il y ait des graines et ainsi assurer une descendance, il faut qu'il y ait pollinisation c'est-à-dire le dépôt des pollinies sur le stigmate, une zone collante au bout de la colonne. Pour permettre cette pollinisation, les orchidées ont adopté des stratégies surprenantes. En fait, toutes les parties visibles de la fleur, leurs formes, coloris, ornementations, parfums et parfois nectar... n'ont qu'un seul objectif : attirer l'animal pollinisateur puis le guider jusqu'aux pollinies, les lui coller en général sur la tête, puis le laisser repartir pour qu'il aille visiter une autre fleur de la même espèce, le guider de nouveau pour que les pollinies se déposent sur le stigmate... et le tour est joué ! Une fois la pollinisation effectuée, ce que les hybrideurs font eux-mêmes à l'aide d'un fin petit bout de bois, chaque grain de pollen germe sur le stigmate et envoie un tube qui s'enfonce dans la colonne et vient se souder avec un ovule pour le féconder. Chaque ovule fécondé donnera un embryon dans une graine.

Une indispensable symbiose plante-champignon

Chez les orchidées, non seulement la fleur est originale, mais aussi le mode de vie. Les graines sont minuscules, de l'ordre du millimètre et très fines. Elles sont presque totalement dépourvues des réserves qui permettent de nourrir la jeune plantule au cours de la germination. En effet, la germination exige des nutriments pour construire les premiers organes de la plantule avant qu'elle ne soit totalement autonome, c'est-à-dire capable de faire une photosynthèse suffisante. Ces réserves sont par exemple constituées chez le grain de blé par de l'amidon (contenu dans la farine).

En revanche, les graines d'orchidées, dépourvues de réserves, doivent dès leur germination entrer en contact avec un champignon microscopique (*Rhizoctonia*) naturellement présent dans leur environnement (dans la mousse humide, le sol...). Puis s'installe une symbiose, c'est-à-dire une vie en commun avec bénéfices réciproques : la plante offre au champignon, une protection et le champignon donne en retour à l'orchidée des nutriments qu'il puise de la matière morte en décomposition (débris de feuilles par exemple). Pourquoi des graines si petites ? La plupart des orchidées ont des exigences écologiques très strictes c'est-à-dire des besoins en lumière, humidité, températures... très précis et peu de lieux conviennent. Ainsi, pour avoir un maximum de chance pour une graine de se déposer, au gré de vent, sur un support adéquat, il faut produire beaucoup de graines... le fruit d'orchidée libère des millions de graines mais minuscules...

Deux manières de croître

Il est important de discerner et reconnaître ces deux modes de croissance en particulier pour la culture (rempotage, divisions...).

- **Les orchidées monopodiales** ont une tige unique qui s'accroît par son sommet et produit des inflorescences et des racines à l'aisselle des feuilles. C'est le cas par exemple des *Aerangis, Phalaenopsis, Vanda*...
- **Les orchidées sympodiales,** en revanche, produisent des pousses successives et dont la croissance est limitée dans le temps. Chaque pousse ne peut, en général, fleurir qu'une seule fois, puis une nouvelle pousse se met en place à la base de la pousse précédente. De telles plantes forment souvent des touffes. Parfois chaque pousse est renflée sous forme d'un pseudobulbe (réserves d'eau et de nutriments pour passer la mauvaise saison). Le pseudobulbe est surmonté d'une, deux ou plusieurs feuilles selon les espèces. C'est le cas des *Cymbidium, Cattleya, Zygopetalum*... Chez de nombreux *Bulbophyllum*, chaque pseudobulbe est séparé par un rhizome assez long. Parfois, il n'y a pas de pseudobulbe, mais seulement plusieurs feuilles (*Bollea, Cochleanthes, Kefersteinia*...), parfois même chaque pousse se résume à la mise en place d'une seule feuille (*Dracula, Masdevallia, Pleurothallis*...).

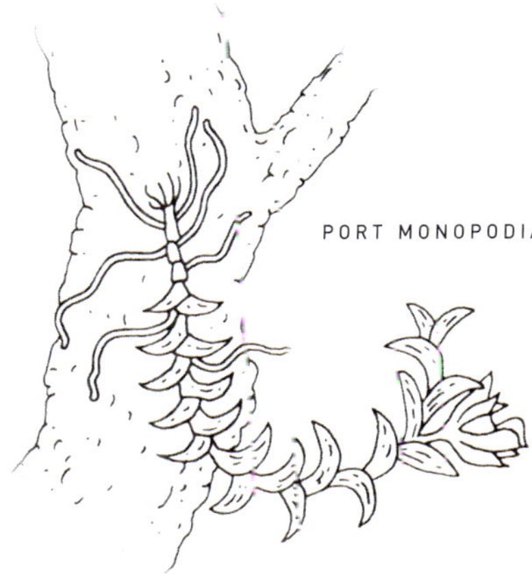
PORT MONOPODIAL

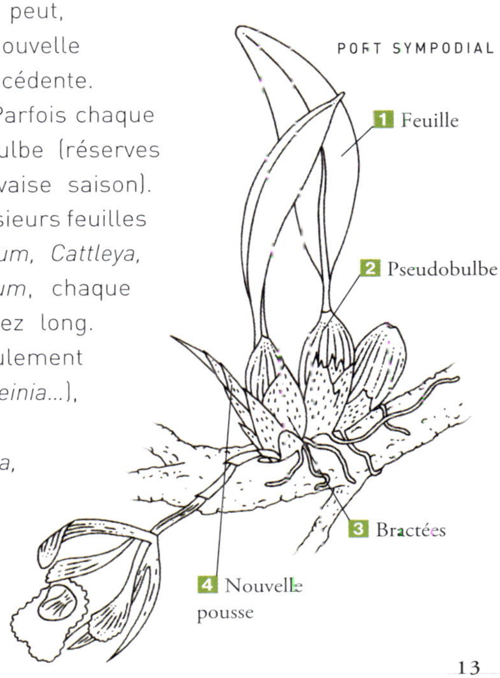

PORT SYMPODIAL

VIVRE EN ÉPIPHYTE

Si toutes les espèces de nos bois et prairies sont des **terrestres** avec leurs racines et organes de réserve enfouis dans le sol, dans les zones tropicales et équatoriales, la majorité des espèces sont **épiphytes** : elles poussent sur les arbres. Elles croissent au niveau des branches les plus hautes de la canopée (ensemble des cimes des arbres), ou sur des branches principales, parfois au niveau du tronc ; leurs racines sont en général solidement ancrées à l'écorce de l'arbre qui leur sert d'hôte... sans pour autant être des parasites tel le gui. En effet, les orchidées épiphytes n'utilisent l'arbre que comme support pour pouvoir atteindre la lumière et elles assurent par elles-mêmes toute leur nutrition : elles captent principalement par leurs feuilles du dioxygène (respiration), la lumière solaire et du dioxyde de carbone de l'air (photosynthèse), et par leurs racines elles absorbent de l'eau et des sels

À gauche : *Maxillaria* grimpant le long d'un tronc (Pérou 2700 m)
À droite : Arbre tombé au-dessus d'une rivière (Pérou 2400 m) et dont le tronc est colonisé par de très nombreuses plantes épiphytes (Orchidées, Broméliacées)

minéraux. Ce mode de vie est partagé par d'autres plantes épiphytes telles de fort nombreuses fougères, Broméliacées, Aracées... Les orchidées épiphytes ont donc de nombreuses racines en contact avec l'air, c'est pourquoi les substrats pour la culture en pot de telles espèces, devront être bien aérés et ne pas se colmater pour éviter l'asphyxie des racines. Les apports en sels minéraux dans la nature sont assurés par l'eau de pluie qui ruisselle le long des troncs et quelques débris végétaux et fientes d'oiseaux... la plupart des orchidées sont donc frugales et ont de faibles besoins en sels minéraux par rapport aux autres plantes que l'on cultive en général en appartement, donc gare aux excès d'engrais ! Certaines orchidées dites **lithophytes** poussent non pas sur des arbres, mais sur des rochers. Si la roche est calcaire, il faudra en tenir compte pour la culture de ces espèces qui auront besoin d'un apport significatif de calcium et magnésium pour croître.

Rosette de feuilles de l'orchidée terrestre *Goodyera repens* (Jura)

NOMMER LES ORCHIDÉES ET LEURS HYBRIDES

Un nom de genre et d'espèce en latin

Devant une telle diversité du vivant et pour s'y retrouver, il a fallu classer et nommer. Les noms communs sont peu utilisables car changent d'une région à l'autre et d'une langue à l'autre. La très grande majorité des êtres vivants n'ont pas de nom commun. C'est pourquoi, Carl von Linné (1707-1778) mis en place un système universel de désignation des êtres vivants et basé sur deux termes en latin (nomenclature binomiale), le premier caractérisant le genre et le second, l'espèce. Ce système est aujourd'hui en vigueur dans tous les pays.
Ces noms en latin sont toujours composés en italiques. Le nom de genre commence par une majuscule, alors que celui d'espèce est entièrement en minuscules. Normalement, ces deux noms sont suivis par le nom de l'auteur, c'est-à-dire du botaniste qui a nommé et décrit l'espèce. Néanmoins, souvent, ce nom d'auteur qui n'est pas composé en italiques, est omis dans les livres, pour en faciliter la lecture.
Les noms latins donnés sont souvent descriptifs, parfois en hommage à une personnalité reconnue...

Ophrys insectifera Linné 1753 ou Ophrys mouche est une orchidée terrestre encore assez répandue en France

Aerangis citrata

✖

Aerangis luteoalba rhodosticta

↓

Hybride interspécifique entre *Aerangis luteoalba rhodosticta* et *Aerangis citrata*

Ainsi en qui concerne le *Cattleya maxima* Lindley, le nom de genre Cattleya qui regroupe une cinquantaine d'espèces fut nommé en l'honneur de William Cattleya, célèbre horticulteur anglais du XIXe siècle. Quant à l'espèce *Cattleya maxima*, elle fut décrite et nommée par John Lindley (1799-1865). Le qualificatif « maxima » est évidemment relatif à la grande taille des fleurs.

Parfois, les deux noms latins sont suivis par un troisième aussi en latin et qui définit une variété. Ainsi, il existe une forme à fleurs entièrement blanches du Cattleya maxima appelé *Cattleya maxima alba*. En effet, par exemple les espèces à vaste répartition géographique possèdent de nombreuses formes légèrement différentes d'une région à l'autre.

Le cas des hybrides

Il existe des **hybrides naturels**, c'est-à-dire issus d'un croisement entre deux espèces différentes et qui se produit spontanément dans la nature. Dans ce cas, les deux noms sont en latin, mais le deuxième nom est précédé d'un « x » pour bien préciser qu'il ne s'agit pas d'une espèce. Par exemple *Lycaste x groganii* E. Cooper, est un hybride naturel entre *Lycaste aromatica* et *Lycaste deppei*.

Bien entendu, il existe de très nombreux **hybrides artificiels** fruits de l'habilité humaine, en particulier dans les genres les plus populaires et commercialisés tels que *Paphiopedilum, Phalaenopsis, Cymbidium, Cattleya, Oncidium*...

Pour les hybrides, deux cas se présentent :

Soit il s'agit d'un **hybride interspécifique** effectué entre deux espèces du même genre. Par exemple : *Lycaste Imschootiana* est obtenu en croisant *Lycaste skinneri* par *Lycaste cruenta*.

Soit il s'agit d'un **hybride intergénérique** qui résulte du croisement entre deux plantes appartenant à deux genres différents. On donne alors un nom nouveau pour ce genre hybride. Ainsi un *Cattleya* croisé avec un *Laelia* donnera un *Laeliocattleya* comme *Laeliocattleya* 'Peggy Huffman'... Les **hybrides complexes** sont issus d'hybridations successives avec plusieurs genres. Ainsi, le joli *Potinara* de petite taille et aux fleurs vives est le fruit de croisements successifs entre les trois genres *Brassavola, Laelia et Sophronitis*...

Par opposition, les hybrides entre deux espèces botaniques sont dits **hybrides primaires**.

Retrouver le nom d'une orchidée

En général, le nom est donné sur une étiquette par l'horticulteur mais il n'est pas toujours valide. Parfois il y a une « valse » des étiquettes qui passent d'une plante à l'autre au gré des manipulations diverses, des clients en particulier... Pour les hybrides vendus en jardinerie, le plus souvent n'est indiqué que le nom de genre et parfois avec des erreurs... On peut donc être contraint de rechercher le véritable nom de la plante pour mieux connaître ses besoins. De très bonnes encyclopédies existent, avec des photographies, des dessins et parfois des clés de détermination assez faciles à utiliser.

La classification du vivant et donc des orchidées repose sur un principe simple : plus deux orchidées ont des caractères en commun, plus elles sont proches dans la classification et plus elles ont de liens de parenté, c'est-à-dire une plante ancêtre commun proche dans le temps. L'élaboration d'une telle classification repose essentiellement sur des caractères morphologiques, en particulier au niveau de la fleur : le nombre de pollinies, la forme du labelle, la soudure de certains sépales entre eux... Les clés de classification utilisent de tels critères et vous guident pas à pas.

Encyclia pentotis aujourd'hui renommé *Prosthechea pentotis*.

À SAVOIR

Des synonymes

Si le principe de base de la classification est simple, c'est une autre affaire pour le botaniste qui doit l'élaborer ! Ainsi, de nombreuses orchidées ont été nommées plusieurs fois. De plus, les progrès de la science, en particulier les études de l'ADN, amènent des modifications. Il y a donc des synonymes, mais un seul nom est valide. Fort heureusement les noms très anciens ne sont plus utilisés. En revanche, des noms plus récents et plus du tout valides sont encore utilisés par des producteurs ou des livres. Ne soyez pas surpris si vous retrouvez une même plante en photo dans deux livres différents et sous des noms latins différents !

Lycaste fulvescens aujourd'hui renommé *Ida fulvescens*.

Bases de la culture des orchidées
Techniques utilisables en appartement

Les orchidées ont des exigences particulières en température, eau, humidité, éléments minéraux, lumière et substrat. Nous aborderons dans ce chapitre toutes les techniques utilisables en intérieur pour l'amateur, des plus simples aux plus techniques, et plus particulièrement l'éclairage artificiel, qui est une des clés permettant d'élargir ses collections.

À droite :
Acineta barkeri

LES DIFFÉRENTS SUPPORTS DE CULTURE

Les espèces terrestres ne peuvent être cultivées qu'en pot. En revanche, on a davantage de choix pour les espèces épiphytes :

Pot plastique

La culture peut se faire en pot plastique, qui doit être, si possible, plus large que haut et bien troué dessous, pour permettre une bonne évacuation de l'eau et éviter toute pourriture des racines. Les pots en plastique transparents sont utiles pour cultiver des espèces (*Phalaenopsis*) dont les racines épaisses captent (tout comme les feuilles) la lumière pour effectuer de la photosynthèse et qui ont toujours tendance à sortir des pots en plastique opaque pour aller chercher la lumière...

Pot de terre cuite

La culture en pot en terre cuite a ses adeptes mais demande une bonne humidité ambiante.

Pot ajouré

Certaines espèces exigent des pots ajourés (vendus pour les plantes de bassin ou pour l'hydroculture) pour permettre aux hampes florales pendantes de se dégager du substrat dans lequel elles s'enfoncent.

Panier suspendu

Quelques genres se cultivent en panier suspendu et en bois avec ou sans substrat entre les racines, pour permettre non seulement une bonne stabilité de la plante mais aussi aux épaisses racines aériennes d'aller où bon leur semble !

Sur supports de bois ou de liège 2

Les espèces épiphytes peuvent aussi se cultiver sur un support de bois ou d'écorce (liège en général) comme elles le feraient dans la nature.

ORCHIDÉE SUR SUPPORT

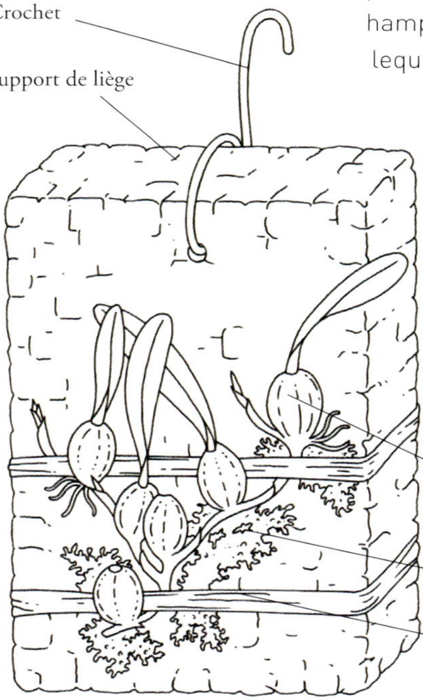

Le tableau ci-dessous récapitule quelques critères pour faire son choix :

	TYPE DE SUPPORT OU DE CONTENANT	AVANTAGES	INCONVÉNIENTS	ORCHIDÉES CONCERNÉES
Conseillé pour débuter	**Pot en plastique**	• Facilité d'utilisation.	• Certaines espèces (tels les Vanda et espèces proches) supportent mal la culture en pot car les racines y sont mal aérées.	• Toutes les terrestres. • La grande majorité des espèces d'orchidées épiphytes et lithophytes et leurs hybrides.
Conseillé pour débuter	**Pot en plastique transparent**	• Facilité d'utilisation.		• Espèces dont les racines ont tendance à sortir des pots tels les *Phalaenopsis*...
	Pot en terre	• Bonne stabilité pour les grandes plantes. • Si le pot est humide, les racines en été bénéficient de fraîcheur...	• Le substrat sèche très rapidement. • Pots non réutilisables. • Il faut une bonne humidité ambiante. • Plutôt utilisable en serre.	• Espèces de serre froide en particulier (tels les *Masdevallia* en serre froide avec système de brouillard artificiel) ou plantes de très grande taille (comme *Angraecum eburneum*).
	Pot plastique ajouré	• Laisse sortir les hampes florales pendantes. • Meilleure aération des racines.	• Laisse échapper les composts fins. • Demande une meilleure humidité ambiante.	• Plantes à hampes pendantes : *Acineta*, *Gongora*, *Stanhopea*, certains *Maxillaria*... et les *Dracula*.
	Panier en bois	• Excellente aération des racines. • Peut-être suspendu en hauteur plus près de la lumière.	• Demande une forte humidité ambiante. • Les arrosages doivent être très réguliers.	• Plutôt les orchidées monopodiales à racines épaisses : *Ascocentrum*, *Rhynchostylis*, *Vanda*... et leurs hybrides...
	Support (par exemple en liège)	• Culture comme dans la nature. • Racines bien aérées. • Belle présentation des hampes florales pendantes. • Plus de rempotage nécessaire.	• Demande une forte humidité ambiante. • Les arrosages doivent être très réguliers. • Ne plus être débutant dans la culture des orchidées...	• Toutes les espèces épiphytes et lithophytes. • Plus particulièrement les espèces miniatures, les espèces aphylles (sans feuilles), les espèces à port pendant (comme certains *Pleurothallis*, les *Dichaea*...), à port grimpant (de nombreux *Bulbophyllum*...) ou qui poussent vers le bas (tel *Euchile citrina*), les espèces ne supportant pas la culture en pot.

NB : Si vous réutilisez des pots, veillez à les laver puis les désinfecter avec une solution d'eau de Javel. Bien les rincer ensuite.

Pteroceras teretifolium sur support de liège.

Mais attention, on ne cultivera des orchidées sur support de liège que si l'on dispose de suffisamment d'humidité et de temps pour pouvoir les arroser très régulièrement, car elles ont tendance à se dessécher plus rapidement qu'une orchidée cultivée en pot. Il faut attendre que de nouvelles racines se développent et poser l'orchidée contre le support, en général en liège préalablement percé d'un trou dans sa partie haute puis garni d'un crochet en fil de fer rigide et plastifié. Bien vérifier que les nouvelles racines sont face au support pour qu'elles puissent facilement s'y ancrer. Il est nécessaire de respecter les sens de croissance de la plante :

- **Si l'espèce a tendance à grimper**, mettre les parties anciennes en bas et la nouvelle pousse vers le haut en prévoyant suffisamment de place pour son futur développement.

Diapharanthe bidens en panier suspendu.

- **Si l'espèce a un port pendant** tels *Euchile citrina* et *Ida dyeriana* par exemple, la placer tête vers le bas. Certaines monopodiales (tels des *Phalaenopsis* botaniques) apprécient aussi un port en biais, cœur légèrement vers le bas avec les feuilles non pas dressées, mais pendantes...

On mettra un peu de sphaigne humide entre les racines. Il en faudra davantage pour des espèces exigeantes en eau, et l'orchidée sera maintenue en place par quelques liens faits avec des bandelettes de bas en nylon ou, pour les grandes espèces, par du fil de fer plastifié. La bandelette ou le fil sera noué à l'arrière du morceau d'écorce de liège. L'étiquette avec le nom de l'espèce est en général placée à l'arrière aussi. Après quelques années de culture, le support devient trop petit et la plante doit être soit divisée, soit placée sur un nouveau support plus grand.

Forêt de brouillard
(Nord du Pérou,
2700 à 3000 m)

LES TEMPÉRATURES DE CULTURE

Plusieurs types de « climat »

Les orchidées de nos zones tempérées (*Cypripedium*, *Orchis*...) ont besoin d'une période de froid intense avec des gelées pour pousser. Leur culture est donc exclue dans un appartement. En revanche, parmi les espèces des zones intertropicales cultivables en appartement, on distingue trois principaux types :

- **Les espèces dites de « climat froid »**, dont on donne souvent comme abréviation dans les livres ou catalogues « F » (ce qualificatif est tout à fait relatif... froid pour les tropiques...),
- **Les espèces dites de** « **climat tempéré** » ou « T » (ce qualificatif dans le sens d'intermédiaire...)
- **Les espèces dites de** « **climat chaud** » ou « C ». On rajoute deux intermédiaires : « climat tempéré froid » ou « TF » et « climat tempéré chaud » ou « TC ».

Les chiffres donnés ci-dessous sont indicatifs. Ils donnent des seuils qu'il vaut mieux ne pas dépasser, même si de nombreuses espèces d'orchidées ont de fortes capacités d'adaptation... **Le plus important étant de maintenir l'écart de température entre le jour et la nuit**.

Telipogon ariasii

TYPE DE « CLIMAT »	DÉSIGNATION EN ANGLAIS	TEMPÉRATURE MINIMALE	TEMPÉRATURE MAXIMALE	ÉCART DE TEMPÉRATURE ENTRE LE JOUR ET LA NUIT
Froid (F)	Cool (C)	0 à 8 °C selon les espèces	24 °C un peu plus selon les espèces	Fort : 8 à plus de 12 °C
Tempéré (T)	Intermediate (I)	10 à 12 °C	28 °C Dans l'idéal	Correct : 4 à 8 °C
Chaud (C)	Warm (W)	14 °C	35 °C	Faible : 3 ou 4 °C

Période de repos ou pas ?

Certaines espèces demandent des températures assez stables tout au long de l'année. C'est par exemple le cas des orchidées des zones de basse altitude en forêt humide équatoriale. Par exemple, le *Phalaenopsis gigantea* de Bornéo est de « climat chaud » et passe toutes ses nuits entre 22 et 23 °C et ses journées entre 29 et 31 °C… Néanmoins, cette espèce qui a des capacités d'adaptation, poussera sans problème sous des conditions tempérées chaudes tant que la température nocturne minimale ne descend pas en dessous de 12 °C (c'est un vrai seuil à respecter). Cette stabilité des températures est aussi remarquée pour les espèces de haute altitude dans les Andes tropicales comme par exemple certains *Telipogon*… qui sont de « climat froid ». Pour fixer une idée, il leur faut des nuits vers 10 °C et des journées vers 18 °C pour un écart jour-nuit d'une dizaine de degrés. Cependant, leur culture sera très difficile car ils ont peu ou pas de capacités d'adaptation et sont très exigeants : ils ne supporteront pas ou très mal une température au-delà de 24 °C…

En revanche, la majorité des espèces ont besoin pour leur cycle et pour fleurir de variation de températures, non pas seulement entre le jour et la nuit, mais aussi d'une saison à l'autre… Ainsi, beaucoup d'espèces d'orchidées de « climat tempéré », tels de nombreux *Dendrobium*, *Catasetum*, *Mormodes* ont besoin d'une période de repos pendant laquelle la végétation s'interrompt avec souvent une chute des feuilles (il ne reste plus que des pseudobulbes dénudées…). Durant cette saison de repos, les températures doivent être plus froides avec un écart jour-nuit plus important.

Mormodes en période repos

Mormodes en période de végétation et floraison

En général, il faut aussi davantage de lumière et des arrosages plus réduits, voir suspendus ! Ainsi, vous l'aurez compris, il faut bien se renseigner sur les conditions à respecter pour la culture de chaque espèce acquise... et en particulier si une période de repos est nécessaire pour maintenir l'orchidée en bonne santé et la faire fleurir !

Phalaenopsis cornu-cervi, une espèce botanique conciliante

En appartement, quel choix faire ?

- **Pour les espèces de « climat tempéré chaud » :** Les températures de nos appartements correspondent en génral à ces conditions... ce qui laisse un large choix de plantes parmi les *Phalaenopsis* hybrides par exemple et certains botaniques conciliants, de nombreux *Cattleya* et *Oncidium*, certains *Paphiopedilum* résistants... pour la culture sur le rebord intérieur d'une fenêtre. En revanche, les populaires orchidées-pensées ou « Miltonia » (en fait des *Miltoniopsis*), sont de « climat froid » et ne pourront pas survivre longtemps en appartement...
- **Pour les espèces « tempérées »** telles que de nombreux hybrides de *Brassia* ou de *Zygopetalum*, il faudra choisir une pièce non chauffée (ou très peu) ; pas évident à trouver... un couloir ? La pièce avec son lave-linge ? Une pièce inoccupée exposée au nord ? Dans ces cas, il faudra un complément de lumière artificielle. L'utilisation de lumières de remplacement ne pose aucun problème pour la croissance et la floraison des orchidées.
- **Pour les espèces de « climat froid » ou « tempéré froid »** tels les très beaux *Masdevallia* ou les étranges *Dracula*... la culture en appartement demande de choisir un local frais, par exemple une cave qu'il faudra aménager correctement pour accueillir ces orchidées délicates et d'autres plantes...

Miltoniopsis hybride

Quoi qu'il en soit, **dans une même pièce ou local, il ne faut cultiver que des orchidées ayant les mêmes exigences quant aux conditions de températures** pour éviter des pertes... et si possibles, rassembler dans la même zone, les espèces qui nécessitent un même type de période de repos... pour éviter d'arroser par inadvertance une orchidée en repos au milieu d'autres en croissance active ! Ce principe est une règle d'or à respecter pour éviter bien des déconvenues...

Dracula chimaera

Culture d'orchidées le long d'une baie vitrée

Psychopsis papilio cultivé avec succès le long de cette bais vitrée

Contrôler et maintenir les températures adéquates

L'achat d'un **thermomètre minima maxima** classique qui mentionne la température maximale et celle minimale mesurée est indispensable. Des systèmes électroniques type « météo » sont très pratiques car mesurent à la fois la température mais aussi l'hygrométrie (l'humidité de l'air) et gardent en mémoire les maxima et minima. Ils possèdent parfois un système d'alarme en cas de dépassement d'une valeur seuil mise en mémoire par l'utilisateur.

Pour maintenir un écart de température jour-nuit suffisant, gage de bonne santé pour les orchidées, la nuit ou en soirée, il faudra laisser entrouverte la fenêtre de la pièce qui les accueille en été, au printemps et en automne quand le climat extérieur le permet, ou arrêter le chauffage de la pièce durant la nuit pendant l'hiver...

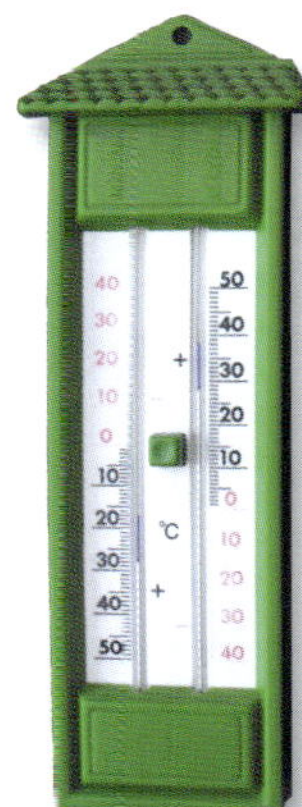

Thermomètre minima maxima

NB : Refroidir une pièce pour accueillir des espèces d'altitude est tout à fait possible et certains passionnés le font. Deux solutions sont envisageables : primo, l'utilisation d'un système de climatisation qu'il est parfois seulement nécessaire de mettre en route lors des canicules, secundo installer sous la grille qui supporte les plantes, un tuyau qui serpente et dans lequel on fera circuler de l'eau froide ou de l'eau chaude selon les besoins... ce dernier système est mis en vente par quelques fournisseurs de serres horticoles professionnelles.

Pour assurer une période de repos ou d'induction florale au frais, il est possible, en automne par exemple, quand les températures extérieures nocturnes commencent à diminuer, de laisser la fenêtre bien entrouverte toutes les nuits (tant que la température extérieure le permet) pendant deux ou trois semaines par exemple. Ainsi, des nuits à 12 °C pendant trois semaines (en septembre ou octobre) permet aux *Phalaenopsis* hybrides d'initier leur hampe florale... Pour des espèces demandant plus de fraîcheur, on peut les mettre sur un balcon ombragé en été par exemple...

En ce qui concerne le chauffage, cela ne pose en général pas de problème dans un appartement. Cependant, le chauffage par le sol est en général peu toléré par les orchidées car il dessèche beaucoup trop l'air ambiant ; dans ce cas, il faudra veiller à maintenir une bonne humidité, en particulier grâce à un humidificateur. Dans un local type cave par exemple, il peut être nécessaire de faire un appoint de chauffage en hiver. On peut faire une extension du chauffage central. Sinon, il se vend pour équiper les serres, des chauffages électriques « spécial ambiance humide » avec ventilateur intégré. On veillera alors à le connecter à un thermostat si possible jour-nuit, c'est-à-dire sur lequel on peut programmer deux températures. Mais souvent, le système d'éclairage suffit pour chauffer l'air durant la journée !

Hygromètre à cheveux

MAINTENIR UNE HUMIDITÉ SUFFISANTE

L'hygrométrie

L'hygrométrie de l'air est le pourcentage de vapeur d'eau (eau sous forme de gaz) de l'air. 100 % correspond à un air saturé d'eau : il suffit alors d'une légère baisse de la température pour que l'eau se liquéfie (se « condense » en langage courant) sous forme de microgouttelettes ou brouillard... Pour une bonne santé, nos appartements devraient avoir une hygrométrie de 50-60 %, ce qui correspond à un bon compromis à atteindre pour cultiver la majorité des orchidées en pot proposées en jardinerie. 30-40 % correspond à un air sec en particulier dans certains appartements surchauffés en hiver...

Hygromètre et thermomètre électronique

Mesure de l'hygrométrie

Tout comme la température, connaître l'hygrométrie de l'air est conseillée. Deux types d'hygromètres sont disponibles :

- **l'hygromètre électronique** souvent couplé à une mesure de la température, et qui est très pratique. Sa fiabilité est en général de l'ordre de 5 %, ce qui est suffisant pour un usage horticole...
- **l'hygromètre à cheveux**, imprécis et de durée de vie bien faible et que je déconseille donc, même s'il est en général très décoratif.

Paphiopedilum Maudiae, un hybride résistant

Quelle hygrométrie pour nos orchidées ?

On peut arbitrairement faire deux catégories :

- **Hygrométrie de 50-60 %** : la majorité des orchidées les plus populaires cultivées en pots s'en contentent : *Phalaenopsis* hybrides, *Paphiopedilum* hybrides, *Brassia*, *Cattleya* et leurs hybrides, *Lycaste*, *Oncidium*, *Ondontoglossum* hybrides, *Zygopetalum*... Elle se contentent occasionnellement d'un peu moins d'humidité, mais inversement, une augmentation de l'humidité de l'air vers les 70-80 %, de temps en temps, leur sera favorable. Cette augmentation est spontanément atteinte au voisinage des plantes après l'arrosage (le plus souvent hebdomadaire) ou par une légère brumisation. Toutes ces espèces sont donc facilement cultivables en appartement.

Cattleya hybride

- **Hygrométrie de 70-80 %** : Certaines espèces ont des exigences beaucoup plus fortes en humidité. Il s'agit essentiellement d'espèces non vendues en jardineries et qui intéresseront l'amateur chevronné :
  - des espèce cultivées en pot comme des espèces de forêts de brouillard d'altitude telles *Dracula, Fernandezia, Lepanthes, Masdevallia*... mais aussi, des espèces de forêts humides équatoriales de basse altitude (tel *Phalaenopsis gigantea*), entre autres.
  - Toutes les espèces cultivées sur support (nombreuses espèces miniatures) ou en panier suspendu (tels *Ascocentrum, Rhynchostylis, Vanda*... et tous leurs hybrides magnifiques) exigent 70-80 % d'humidité ambiante pour éviter de se dessécher, car leurs racines sont exposées directement à l'air et les vaporisations des racines même journalières ne seront pas suffisantes.

Rhynchostylis gigantea

Forêt d'altitude (Equateur, 2 800 m) baignée par un brouillard matinal

En revanche, il n'est pas bon pour les orchidées d'être en permanence dans une humidité supérieure à 80 %, car dans ce cas, il y a un risque de propagation de maladies diverses. Quoi qu'il en soit, le maintien d'une humidité suffisante de l'air doit être accompagné d'une bonne ventilation et aération des locaux.

TYPE D'ESPÈCES	HYGROMÉTRIE NÉCESSAIRE
Espèces résistantes en pot ou pot ajouré	Minimum de 55-60 %
Espèces délicates en pot ou pot ajouré.	Autour de 70 %
Espèces sur support	70-80 %
Espèces en panier	70-80 %

Maintenir la bonne hygrométrie

Pour satisfaire les besoins en humidité des orchidées, il faut tout d'abord maintenir une ambiance humide autour des plantes comme un « microclimat propice », mais cela n'est pas toujours suffisant, surtout en hiver quand le chauffage est mis en route ou lors des fortes chaleurs estivales. C'est pourquoi la mise en place d'un « humidificateur » d'air dans la pièce est souvent nécessaire.

Maintenir un microclimat humide autour des orchidées :

- Rassembler les orchidées.
- Les mettre sur une surface d'évaporation, par exemple un lit de billes d'argile toujours maintenues humides, mais sans enfoncer les pots dedans ou sans faire arriver l'eau au niveau du bas des pots pour éviter toute pourriture des racines...
- Vaporiser si possible chaque matin les racines aériennes qui vagabondent hors des pots avec une eau peu minéralisée. La vaporisation le soir est déconseillée, car il faut que les racines aient le temps de sécher avant la nuit.
- Si le temps est chaud et trop sec, brumiser les feuillages avec une eau très peu minéralisée (eau de pluie, eau du type Volvic, ou eau osmosée avec très peu d'engrais). Aucune grosse goutte d'eau ne doit se déposer sur les feuilles, en particulier dans les cœurs des pousses pour éviter tout risque de pourriture. Brumiser est en fait pulvériser en gouttelettes très fines, à l'aide d'un vaporisateur manuel, un nuage au-dessus des orchidées (à une cinquantaine de cm), et sans s'attarder trop longtemps pour éviter de mouiller les feuilles.

Le maintien d'une bonne hygrométrie dans la pièce :

Le plus simple, est l'utilisation d'un humidificateur électrique. On peut tout à fait s'en passer si la pièce n'est pas trop chauffée, si les conseils prodigués ci-dessus sont suivis et si les espèces cultivées sont peu exigeantes en humidité.

Dans un local spécial pour la culture de plantes, on pourra maintenir sans problème une humidité ambiante forte (à condition de bien ventiler). En revanche, dans une pièce classique d'appartement, pour éviter les moisissures sur les murs, il vaut mieux ne pas dépasser les 70 % d'hygrométrie, même si de temps en temps, après l'arrosage, ce taux peut monter, mais temporairement. Plusieurs systèmes sont proposés à la vente. Certains tiennent plus du gadget et ne seront pas abordés, tandis que d'autres sont particulièrement efficaces et sont présentés ci-dessous :

- **Les systèmes à ultrason**

Une membrane vibre et transforme de l'eau en très fines gouttelettes ce qui forme un véritable brouillard (gouttelettes de 5µM. soit 0,005 mm !). Ces systèmes sont très efficaces car produisent un brouillard frais et consomment très peu d'énergie. De plus, alliés à une ventilation efficace, ils abaissent la température ambiante de 1 à 3 °C en général, ce qui peut ne pas être négligeable en cas de fortes chaleurs. Il s'agit vraiment de l'idéal pour la culture des orchidées :

1. **Humidificateurs à ultrason** avec hygrostat et réserve d'eau intégrés. Vendus dans les **rayons d'électroménager**, leur usage est simple. Vérifiez que la membrane pourra être remplacée car elle s'use en un à deux ans... Ce système « tout en un » est vraiment très pratique pour humidifier une pièce d'appartement avec des orchidées.
2. **Brumisateurs à ultrasons à une cellule**. Vendus dans les magasins de décoration, mais aussi certaines animaleries, jardineries et vendeurs de matériel pour l'hydroculture. La cellule se place dans un récipient du type bassine ou petit aquarium peu profond avec un fond d'eau. Elle possède en plus un contrôle du niveau d'eau qui arrête automatiquement l'appareil quand il n'y a plus assez d'eau. Il faut mettre une eau non calcaire car elle réduirait la durée de vie de la membrane, par exemple de l'eau de pluie filtrée, ou peu minéralisée, ou osmosée. L'eau osmosée pure est légèrement corrosive pour la membrane et elle devra être additionnée d'un peu d'eau de ville.

Brumisateur à ultrasons, 5 cellules, avec sa bouée.

3. **Brumisateurs à ultrasons à 3 ou 5 cellules**, sur lesquels on peut ajouter une bouée (vendue par certains magasins de matériel pour culture hydroculture), ce qui permet de mettre l'ensemble dans un grand réservoir d'eau et d'avoir une grande autonomie de

Telipogon *asiasii* ne peut survivre en culture qu'en conditions strictement tempérées froides avec un brouillard artificiel…

fonctionnement. Le système à 5 cellules est à réserver aux grands locaux de culture (plus de 10 m²). L'ensemble est à mettre en hauteur (à 1 m du sol par exemple) dans la pièce pour laisser « s'écouler » le brouillard. Un ventilateur à quelques mètres du réservoir permet de bien distribuer le brouillard dans la pièce. Ce ventilateur devra si possible être choisi parmi du matériel « spécial ambiance humide », en particulier dans un local fermé du type cave par exemple… Enfin, les cellules peuvent être connectées à une minuterie pour un fonctionnement, par exemple un quart d'heure toutes les 2 ou 3 heures… mais pas de fonctionnement en continu sous peine d'avoir un véritable bouillon de culture pour bactéries ! La nuit, le système sera arrêté pour éviter l'excès d'eau. Il faut aussi noter qu'un fonctionnement discontinu est nécessaire car les cellules finissent par chauffer un peu trop l'eau… Elles peuvent aussi être connectées à un hygrostat qui automatiquement mettra en route le système quand l'humidité ambiante descendra au-dessous du seuil programmé par vos soins. Ce système produit beaucoup d'humidité et est plutôt conseillé pour une pièce réservée aux orchidées et non pas pour une pièce banale de son appartement… Quoi qu'il en soit, il faudra veiller à changer toute l'eau régulièrement et nettoyer la cuve avec une solution diluée d'eau de Javel puis bien la rincer pour éviter le développement d'algues et de bactéries dans l'eau et leur mise en suspension dans le brouillard.

Lepanthes elegantula :
les espèces cultivées sur support réclament davantage d'humidité, d'autant plus que les *Lepanthes* sont déjà, par nature, très sensibles à toute sécheresse de l'air !

- **Autres systèmes**

1. **Les humidificateurs à résistance électrique**. La résistance fait chauffer l'eau et de la vapeur se dégage, mais cette vapeur est chaude, trop chaude, particulièrement en été et elle risque de provoquer des dégâts chez les orchidées. De plus, ce système consomme beaucoup d'énergie. C'est pourquoi, quoiqu'il soit utilisable, en hiver par exemple, il est déconseillé pour la culture des orchidées.
2. **Les humidificateurs du type « rafraîchisseur d'air »**. Le principe repose sur une surface d'évaporation (souvent une feuille de papier du style buvard) dont la base trempe dans de l'eau qui remonte par capillarité. Un ventilateur intégré à l'appareil envoie de l'air sur cette surface au niveau de laquelle de l'eau s'évapore. L'air qui est renvoyé dans la pièce est à la fois plus frais de 2 ou 3 °C et plus humide. Ce système est utilisable, particulièrement en été, mais vraiment peu efficace et cher à l'achat. C'est plus un appareil de confort qui peu être utilisé par défaut.
3. **Les systèmes à buse ou « fog system ».** De l'eau puisée dans un réservoir par une pompe puissante est envoyée dans un tuyau muni de plusieurs buses. Chaque buse est très finement perforée et l'eau sous pression qui s'en échappe forme un épais brouillard. Ce système n'est utilisable que dans un grand local à orchidées et autres plantes, aux murs carrelés et aux appareils électriques étanches... Plutôt réservé aux spécialistes ou aux professionnels !

Buse appelée aussi « Nozzle »

RÉSUMÉ

PIÈCE D'APPARTEMENT AVEC ORCHIDÉES	HUMIDIFICATEUR À ULTRASONS RAYON ÉLECTROMÉNAGER
Local spécial pour les orchidées de moins de 10 m^2	Brumisateur à ultrasons à 3 cellules avec bouée et programmateur ou hygrostat.
Local spécial pour les orchidées de plus de 10 m^2	Brumisateur à ultrasons à 5 cellules avec bouée et hygrostat.
Très grand local spécialement équipé pour la culture	Systèmes à buses ou autres systèmes pour professionnels de l'horticulture et connectés à un hygrostat.

NB : dans une véranda, grande serre de balcon, très grand terrarium, une chute d'eau peut permettre de maintenir l'humidité nécessaire.

LA VENTILATION ET LE RENOUVELLEMENT DE L'AIR

Ventilateur spécial « ambiance humide »

La ventilation

est un point important et trop souvent négligé. Sans elle, on réussit la culture pendant quelques trimestres puis des maladies cryptogamiques (dues à des champignons et bactéries...) surviennent, en particulier par temps froid et humide ou très chaud... En effet, dans la nature, il y a toujours un vent très léger qui vient brasser l'air et assécher les feuillages après la pluie ou un brouillard épais... Mais dans un appartement ou une serre, la ventilation n'est pas suffisante, et de l'eau peu rester trop longtemps dans le cœur de certaines pousses, au niveau de la base des tiges ou au-dessous des feuilles. Cette « humidité stagnante » favorise la prolifération de germes dont des pathogènes. La mise en place d'un ventilateur est donc indispensable.

- **Près d'une baie vitrée, mais aussi dans un petit local,** le plus simple est l'utilisation d'un **ventilateur rotatif** placé à quelques mètres de l'humidificateur d'air et dirigé vers les plantes. Au niveau des orchidées, l'on doit sentir le brassage d'air mais sans que les feuilles ne remuent (pour éviter d'assécher les plantes...). La ventilation ne sera pas mise en continu, mais après chaque arrosage pendant quelques heures, puis, par exemple, 1 heure toutes les 4 heures... ces rythmes sont à modifier selon vos conditions de culture et votre ressenti. Il faut trouver l'équilibre entre « évaporer l'excès d'eau » et « ne pas dessécher vos plantes ».
- **Dans une serre d'appartement ou un terrarium**, un petit ventilateur est également utile. On choisit en général un modèle similaire à ceux qui équipent les ordinateurs... Des ventilateurs plus puissants et spécialement conçus pour les ambiances humides (matériel pour serre) seront nécessaires dans un local avec « fog system ».

Le renouvellement de l'air

n'est généralement pas un problème dans une pièce où l'on vit et qui est munie d'une fenêtre qu'il suffit d'ouvrir de temps en temps... En revanche dans un local fermé, du type cave, il faudra préserver les ouvertures d'aération et parfois installer un extracteur d'air qui sera mis en fonctionnement en discontinu. Dans un terrarium ou une serre d'intérieur, il sera nécessaire d'ouvrir la porte régulièrement, par exemple toutes les nuits, quand il fait plus frais pour aérer et maintenir l'écart de températures entre le jour et la nuit.

NB : En effet, s'il y pas de renouvellement de l'air, le dioxyde de carbone présent en faible quantité dans l'air est vite épuisé par la photosynthèse pour fabriquer de la matière vivante. De plus, certains gaz tels l'éthylène produit par les feuilles âgées qui jaunissent et d'autres gaz émis par la matière en décomposition, l'activité bactérienne dans le substrat... peuvent perturber la croissance et la floraison des plantes. Ainsi l'éthylène considéré comme une hormone de sénescence chez les végétaux, provoque chez les orchidées la chute des boutons floraux...
Il faut aussi éviter d'utiliser un local où l'air serait pollué par des gaz d'échappement : une telle pollution si elle est trop importante ralentie la croissance et provoque aussi une chute des boutons floraux.

LES ARROSAGES, QUALITÉ DE L'EAU ET UTILISATION DES ENGRAIS

L'arrosage est l'élément clé pour la réussite et se résume à apprendre à observer ses plantes pour repérer leurs besoins en eau et engrais. Arroser ni trop peu, ni de trop. En fait, beaucoup d'orchidées en pot meurent par excès d'eau, car on confond souvent orchidée et plante aquatique... N'oubliez pas que beaucoup sont épiphytes et ont donc leurs racines directement en contact avec l'air...

Rivière serpentant en forêt tropicale humide (Pérou)

Qualité de l'eau d'arrosage

La majorité des orchidées même terrestres supportent mal une trop forte quantité de calcaire dans l'eau (carbonate de calcium ou $CaCO_3$). Seuls certains *Paphiopedilum* et quelques autres orchidées terrestres dites calcicoles, poussant sur des rochers calcaires, supporteront une eau calcaire. Une eau calcaire peut néanmoins être utilisée par défaut et très sporadiquement sauf pour les quelques espèces réellement calcifuges (qui meurent en présence d'excès de calcaire) tels les *Disa, Cypripedium acaule*...

Les eaux calcaires possèdent une forte concentration de calcium et de magnésium, elles sont dites « dures ». Ce sont des eaux de source ou du robinet des régions calcaires tels le bassin parisien et aquitain ou du Jura, des contreforts des Alpes... Il ne faut pas les utiliser pour la majorité des orchidées. En revanches, les eaux de source ou du robinet faiblement minéralisées qui proviennent des régions à massif cristallin (Vosges, Massif central, Bretagne...) sont utilisables sans aucun souci !

Pour connaître les caractéristiques de votre eau du robinet, il suffit de contacter votre distributeur d'eau, et pour l'eau de bouteille, de lire l'analyse chimique sur l'étiquette.

Attention, il ne faut jamais utiliser d'eau adoucie (obtenue avec un adoucisseur d'eau) pour arroser ses orchidées, car, certes, elle ne contient plus de calcaire... mais la méthode utilisée libère d'autres sels bien plus dangereux pour une orchidée (du sodium en particulier...) : les ions calcium de l'eau (cause du tartre) sont échangés par des ions sodium !

Disa uniflora a besoin d'une eau très faiblement minéralisée.

En pratique, sur l'analyse de votre eau, pour pouvoir l'utiliser sans soucis, il faut que globalement les valeurs de votre eau soient inférieures à : 200 µS (électroconductivité) ou 10° THf (dureté totale en degrés français) ou environ 6°GH.

Si les valeurs sont inférieures à celles présentées, votre eau est douce, si elles sont supérieures d'un tiers, votre eau est dure et non utilisable. Entre les deux, elle est utilisable occasionnellement, mais sans ajouter d'engrais...

Vous pouvez mesurer vous-même et facilement le THf ou GH de votre eau à l'aide d'un test avec indicateur coloré vendu dans les boutiques d'aquariophilie !

Les *Catasetum* sont gourmands en engrais (*C. fimbriatum*)

L'engrais

Les plantes puisent principalement par leurs racines les sels minéraux dont elles ont besoin. Par exemple, elles ont besoin d'azote pour fabriquer leurs protéines, de magnésium pour les chlorophylles... un engrais apporte de l'**azote** noté N, du **phosphore** noté P et du **potassium** noté K. Sur l'étiquette de l'engrais apparaissent les dosages en pourcentage de ces trois **macroéléments** dans l'ordre **N-P-K** : par exemple un engrais dit « équilibré » du type croissance est noté 20-20-20. Pour les orchidées, il est préférable d'utiliser un engrais en poudre le plus proche possible du 13-3-15, c'est-à-dire contenant 13 % d'azote, 3 % de phosphore et 15 % de potassium.

Souvent, les engrais proposés sont sous forme liquide, c'est-à-dire que la poudre d'engrais a été diluée dans un petit volume d'eau pour permettre une plus grande facilité d'utilisation, ainsi, un engrais liquide équilibré, pourra avoir par exemple un ratio de 5-5-5 et conviendra fort bien. Néanmoins, comme il est indiqué dans le paragraphe précédent, un ratio 13-3-15 est meilleur, et il faudra alors trouver un engrais liquide ayant des rapports proches tels qu'un 4-1-5 par exemple.

Ces engrais en plus des macroéléments, doivent posséder des **oligoéléments** tels que le fer, le manganèse, le zinc, cuivre, molybdène et bore, mais aussi si possible un peu de magnésium et de calcium.

Concrètement, qu'utiliser pour arroser mes orchidées ?

Si votre eau du robinet est très peu minéralisée, elle sera utilisée telle quelle additionnée de 1 g d'engrais pour 5 l d'eau (si l'engrais est liquide, à la moitié ou au tiers de la dose indiquée pour les orchidées). Vous arroserez une fois par semaine avec et si un deuxième arrosage est nécessaire, il se fera à l'eau sans engrais.

Si votre eau du robinet est trop calcaire, vous pourrez utiliser une eau peu minéralisée en bouteille de la même façon que précédemment. Si vous avez plus que quelques orchidées, l'eau en bouteille risque de revenir cher et il faudra utiliser de l'eau de pluie filtrée (pas de centre-ville, ni récoltée sur un toit en zinc...), ou de l'eau déminéralisée par exemple obtenue par osmose inverse. Une telle eau déminéralisée est vendue chez de nombreuses boutiques d'aquariophilie à un prix modique !

L'eau de pluie peut être utilisée pure de temps en temps pour rincer le substrat, mais ne jamais utiliser de l'eau déminéralisée pure car elle est trop « agressive » pour les racines. Quoi qu'il en soit, pour ces eaux dépourvues de minéraux, il faut utiliser un engrais complet, c'est-à-dire impérativement avec non seulement des macroéléments, mais aussi des oligo-éléments dont du calcium et du magnésium pour éviter toute carence. La dose sera de 1 g pour 4 l d'eau, à tous les arrosages (si l'engrais est liquide, à la moitié ou au tiers de la dose indiquée pour les orchidées).

Quant à l'engrais, utilisez un engrais de ratio proche du **13-3-15** avec oligo-éléments ou par défaut un **20-20-20** toujours avec **oligo-éléments**.

À SAVOIR

Comment se manifeste un excès d'engrais ou l'utilisation d'une eau trop dure ?

Les conséquences ne se remarquent qu'après quelques mois. Les conséquences peuvent être graves et induire la mort de la plante : chez les orchidées, dans un premier temps, on discernera sur les racines une croûte blanchâtre et plus ou moins épaisse ; dans un second temps, les racines meurent... L'utilisation d'engrais inadaptés aux orchidées ou de programmes d'engrais complexes et mal suivis peut provoquer des difficultés de croissance, des décolorations jaunâtres au niveau des feuilles...

La méthode présentée est simple et donne de bons résultats, tout en évitant l'utilisation en alternance d'engrais divers du type « floraison », « croissance », « enracinement » etc. aux dosages complexes, et qui sont plutôt utilisés en horticulture intensive, qui n'est pas, à priori, notre objectif ! De plus, ces doses d'engrais sont faibles : les orchidées épiphytes sont en général fort frugales et supportent très mal tout excès d'engrais qui risque de brûler les racines. Néanmoins certaines espèces sont plus gourmandes tels les populaires *Cymbidium* et *Catasetum*, surtout en période de croissance.

Rythme des arrosages et méthodes pour arroser

Le bassinage

c'est une méthode très efficace, mais un peu longue. On trempe le pot jusqu'à quelques cm du bord pendant une dizaine de secondes dans une bassine remplie de l'eau à utiliser, puis on soulève le pot et on laisse l'eau s'écouler parfaitement dans une autre bassine pour l'eau usée, car cette eau ayant été mise en contact avec le compost peut contenir des germes qu'il vaut mieux ne pas passer à une autre plante. Cette méthode, un peu fastidieuse, n'est utilisable que pour quelques plantes, mais elle évite les accumulations d'engrais dans le substrat... Elle n'est pas, non plus, très économique en eau car il vaut mieux changer souvent d'eau dans la bassine principale.

À gauche : l'arrosage par le dessus à l'aide d'un pulvérisateur à pression est une méthode très efficace quand on possède une collection importante. À droite : arrosage d'une orchidée suspendue à l'aide d'une tasse au dessus d'une bassine. Dans tous les cas, il est important de ne pas arroser le dessus du feuillage.

L'arrosage traditionnel par le dessus
c'est la méthode la plus simple et la plus rapide. Il peut se faire à l'aide d'un arrosoir à long cou et à pommeau ou tout simplement à l'aide d'une tasse que l'on remplit d'eau que l'on déverse à la surface du substrat tout autour de la plante. Pour des collections importantes et pour gagner du temps, il est possible aussi d'utiliser un pulvérisateur à pression du type de ceux que l'on porte sur le dos pour traiter les arbres fruitiers... Il suffit de l'utiliser exclusivement pour l'arrosage et de dévisser légèrement la buse terminale pour avoir non pas une pulvérisation mais un jet de gouttelettes...
Pour les plantes cultivées sur support ou en panier, on peut tremper le panier ou la base de l'orchidée sur support dans une bassine d'eau avec engrais pendant quelques secondes puis laisser s'égoutter ou vaporiser amplement les racines en laissant de l'eau s'écouler.
Quoi qu'il en soit, que l'on utilise telle méthode ou une combinaison, il faut veiller scrupuleusement aux points suivants :

MODE D'EMPLOI

L'arrosage

- Arroser le matin pour laisser le temps à l'eau qui aurait giclé de s'évaporer.
- Mettre la ventilation en route après l'arrosage pendant une heure ou deux.
- Arroser toute la surface du pot en laissant amplement de l'eau s'écouler du pot par les orifices de drainage. Ce rinçage permet d'éviter les accumulations d'engrais et de sels au niveau des racines.
- Ne pas mettre d'eau dans les cœur ou les nouvelles pousses.
- Si de l'eau est mise par inadvertance dans une pousse, il suffit de l'éponger à l'aide d'un coin de papier absorbant tortillé en pointe. On peut aussi retourner la plante et la secouer...
- Ne pas arroser une plante dont le pot est déjà saturé d'eau. Un tel pot est bien plus lourd que ses voisins au contenu bien sec.
- Toutes vos orchidées n'ont pas les mêmes besoins en eau au même moment...
  pour certaines, en moyenne un arrosage par semaine peut suffire, pour d'autres, il en faudra deux...
- En été, il est souvent nécessaire d'augmenter le rythme des arrosages.
- Quand il fait plus froid, il faut diminuer le rythme des arrosages.
- Certaines espèces en période de repos (par ex. les espèces à feuilles caduques) ne supportent plus aucun arrosage ou alors ils doivent être très réduits. Il faut avoir du doigté : à eviter pour débuter.

Produire une eau pure en quantité

À partir d'un nombre important d'orchidées, il peut être nécessaire de produire soi-même de l'eau déminéralisée. Or, en appartement, il est impossible de récupérer l'eau de pluie... Fort heureusement, des techniques aujourd'hui largement utilisées en aquariophilie (par exemple pour les bacs à Discus, ou l'eau de mer...) sont à la portée de l'orchidophile.

L'osmose inverse

C'est la méthode la plus simple. L'appareil, appelé osmoseur, est d'un coût abordable, solide si on veille à l'utiliser correctement, et produira des milliers de litres d'eau déminéralisée : l'investissement s'avère intéressant par rapport à l'achat d'eau en bouteille ou d'eau osmosée en boutique d'aquariophilie.

L'appareil se branche directement sur le réseau d'eau de ville (sortie pour machine à laver) et produit selon les modèles une centaine de litres par heure, en moyenne, d'une eau totalement déminéralisée et indemne de germes (double avantage). Cette eau ne devra jamais être utilisée pure car en contact avec les racines, elle provoquerait un éclatement des cellules. Il faudra toujours y ajouter un engrais avec tous les sels minéraux nécessaires (y compris fer, calcium et magnésium).

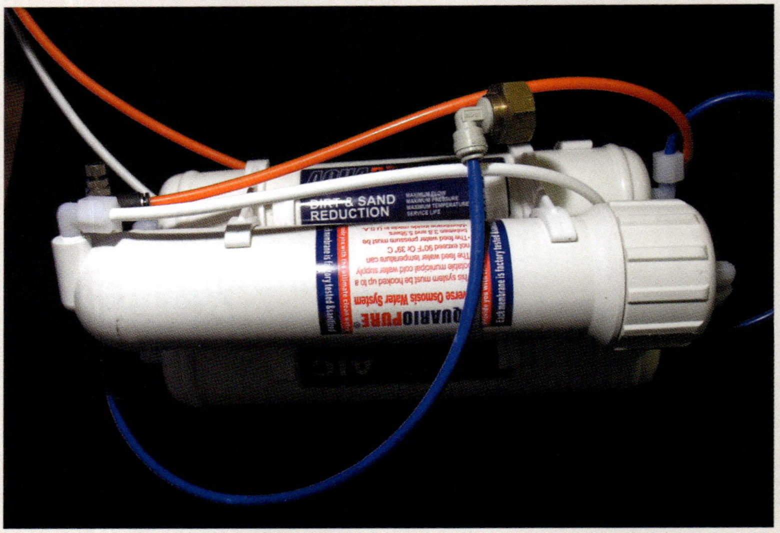

Démineralisateur par osmose inverse (matériel pour aquariophilie)
L'osmoseur produit une eau déminéralisée et indemne de germes qu'il ne faut cependant pas utiliser pure.

PRINCIPE DE FONCTIONNEMENT D'UN OSMOSEUR

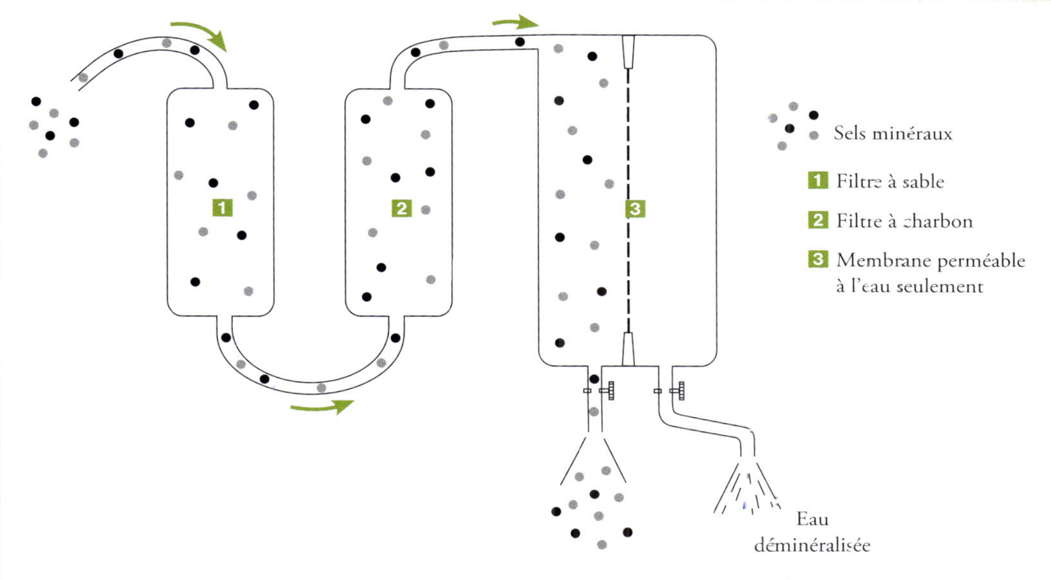

On peut stocker cette eau fort longtemps sans problème. Cependant, le principe même de l'osmose inverse a pour seul inconvénient de ne transformer que 1/3 de l'eau du robinet en eau pure, l'autre 2/3 est évacué. Cette eau de rejet est plus concentrée en sels minéraux que l'eau de départ, mais peut néanmoins être récupérée, par exemple, pour l'arrosage de plantes résistantes (balcon, jardin...) ou pour le lavage (sol, voiture...).

Colonnes échangeuses d'ions

Pour ceux qui ne veulent pas de gaspillage d'eau, il est possible d'utiliser d'autres méthodes beaucoup moins simples telle que la déminéralisation par colonnes échangeuses d'ions (parfois disponible en magasin spécialisé en aquariophilie ou en matériel de laboratoire). L'eau à traiter passe par deux colonnes remplies de résines spéciales qui permettent à l'eau de se décharger de la majorité de ses ions.

Un *paphiopedilum* calcicole. *P. bellatulum*

Les programmes d'engrais plus complexes

Aucun programme d'engrais, même élaboré, ne pourra remplacer une bonne culture, et l'utilisation d'un engrais équilibré, à très petites doses et à presque tous les arrosages, a fait ses preuves. D'autre programmes d'engrais plus complexes sont parfois proposés aux orchidophiles. Les paragraphes suivants vous donneront quelques pistes pour évaluer leur efficacité...

L'équilibre entre le phosphore et l'azote

Un engrais du type 20-20-20 peut être utilisé toute l'année. Cependant, des travaux de l'Université d'Etat du Michigan* et des essais d'orchidophiles ont montré que le taux de phosphore habituellement proposé était trop important. De plus, il est habituellement admis que le phosphore favorise la floraison des orchidées. En fait, s'il est strictement nécessaire, ce n'est pas une forte quantité de phosphore qui favorise la floraison, mais le différentiel entre cet élément et l'azote : pour obtenir à la fois des floraisons régulières et généreuses, il ne faut pas d'excès d'azote par rapport au phosphore. De plus, pour avoir une croissance végétative importante, il faut suffisamment d'azote. Un engrais fut spécialement conçu qui, utilisé seul, permet à la fois la croissance et la floraison... et son ratio est un compromis : le 13-3-15. Donc, je considère que pour un amateur, non seulement ce type d'engrais, ou un engrais de ratio proche, est à utiliser absolument, et que les programmes complexes d'autres engrais à alterner du type « croissance » et « floraison », et « enracinement » sont à oublier, car source de bien des déboires... (C'est l'affaire de spécialistes).

Les oligo-éléments

Si l'on utilise une eau de conduite car faiblement minéralisée, les oligo-éléments et certains macroéléments y sont déjà présents, donc, on peut utiliser un engrais sans calcium et sans magnésium. Il n'est toutefois pas inutile d'utiliser un engrais avec certains éléments tels le fer, pour pallier toute éventuelle carence. Si on utilise une eau déminéralisée ou de pluie, il faut absolument un engrais le plus complet possible. À titre indicatif, la carence en l'un des sels minéraux,

* Pour information : Revue « Orchidées Culture & Protection » numéro 61 ; Quelques fondamentaux de culture.

se traduit fort souvent par un jaunissement prématuré des feuilles (chlorose), par des feuilles trop fines et fragiles, par une croissance ralentie, des floraisons absentes ou peu satisfaisantes... Mais avant de penser à la carence, face à de tels symptômes, il faut, dans une premier temps reconsidérer sa méthode de culture dans son ensemble (qualité de la lumière et des substrats, respects des exigences de l'orchidée, éventuelles maladies cryptogamiques ou virales...).

La forme d'azote utilisée

Dernier point important : l'azote dans les engrais peut être fourni soit par des nitrates (NO_3^-), soit par de l'ammonium (NH_4^+) soit par de... l'urée ! Ou par diverses combinaisons des ces trois sources. Or, dans le substrat, milieu de vie des racines, le pH*, ne doit être compris entre 6 et 7,5. Or les ions ammonium et surtout l'urée, par les dégradations qu'ils subissent et leur utilisation par les racines, amènent à la libération d'une importante acidité qui finit par être fatale à la majorité des orchidées ! Un engrais pour orchidées ne devrait jamais contenir d'urée (engrais peu cher et plutôt à usage agricole) et très peu d'ammonium, mais en majorité des nitrates qui « respectent » le pH du substrat. Pour les espèces calcicoles, l'engrais doit contenir très majoritairement ou exclusivement des nitrates.

* le pH d'une solution d'engrais peut facilement être mesuré à l'aide de bandelettes test pH ou papier pH ou par un kit vendu au rayon aquariophilie... l'achat d'un pH-mètre est a priori inutile, si ce n'est pour l hydroculture des orchidées. La majorité des orchidées préfèrent une eau d'arrosage de pH compris entre 6 et 7. Certaines espèces terrestres qui poussent dans des milieux acides tels les *Disa* ou le *Cypripedium acaule* ont besoin d'un pH du substrat aux alentours de 5, alors que les orchidées calcicoles tels de nombreux *Paphiopedilum* ont besoin d'un pH compris entre 7 et 7,5.

Quelle dose d'engrais utiliser et comment la mesurer ?

Dans certains manuels horticoles, les doses d'engrais sont mesurées en ppm (partie pour million) ou en moles par litre. Mais le plus simple pour l'orchidophile est la conductivité de la solution qui se mesure à l'aide d'un **conductimètre** ou testeur d'électroconductivité dont l'unité est soit le µS (le microSiemens) ou le mS (le milliSiemens) (1 ms = 1 000µS). Cette méthode permet de se passer d'une balance pour peser l'engrais, d'ajuster précisément les concentrations d'engrais en fonction de l'eau de départ, mais aussi d'évaluer ou vérifier la qualité d'une eau utilisée pour l'arrosage. En effet, le conductimètre mesure la conductivité électrique dans une solution (sa capacité à laisser passer un courant électrique). Cette conductivité est directement liée à la concentration en ions dans la solution. Ainsi les eaux dures et chargées en sels minéraux ont une conductivité élevée, les eaux très douces, une conductivité faible et les eaux déminéralisées une conductivité nulle. Ainsi, quand votre osmoseur commence à avoir sa membrane usée, la conductivité de l'eau produite augmente anormalement : il faut alors veiller à changer rapidement la membrane. Il faut noter que la conductivité ne prend en compte dans sa mesure que les ions et jamais les quantités de molécules non chargées telles l'urée (mais ce n'est pas un problème puisqu'un engrais pour orchidées ne devrait pas en avoir).

L'utilisation d'un conductimètre est obligatoire en hydroculture ou pour le maintien d'un mur d'eau et, sinon, très utile dans les autres cas pour ne pas « naviguer en aveugle » vis à vis des doses d'engrais.

Un exemple permet de juger de l'utilité de telles mesures : sur une étiquette d'engrais, quand on lit « un bouchon pour 5 l d'eau », de quelle eau s'agit-il ? Eau déminéralisée ? Eau du robinet ? Quelle eau du robinet ? Un bouchon pour 5 l d'eau déminéralisée donc dépourvue de sels minéraux risque d'être insuffisant. En revanche, une même dose pour 5 l d'une eau de robinet dure d'une zone calcaire risque de donner une solution beaucoup trop concentrée en sels minéraux, surtout sur le long terme, car aux minéraux de l'engrais, s'ajoutent ceux de l'eau !

Utilisation d'un stylo-conductimètre pour mesurer la conductivité d'une solution d'engrais. Cet appareil doit être réglé de temps en temps : c'est l'étalonnage, facile à effectuer (lire la notice d'utilisation de l'appareil)

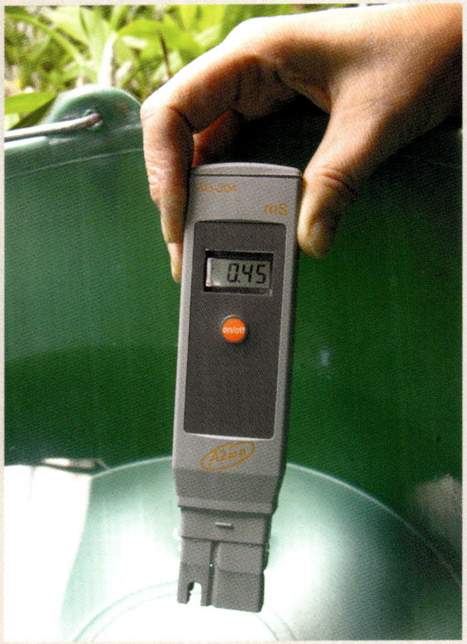

Aujourd'hui, sont vendus des conductimètres de poche sous forme de stylo, à des prix abordables, faciles d'utilisation et très solides. Ils sont munis d'un potentiomètre qui tient compte du facteur température. Concrètement, on ajoute une petite dose d'engrais à l'eau, on la remue pour la dissoudre, on effectue une mesure, on ajoute une quantité supplémentaire d'engrais ou d'eau déminéralisée etc. jusqu'à obtenir la valeur souhaitée.

Pour vous aider, et quelle que soit l'eau de départ utilisée, vous devrez arroser avec une solution d'engrais inférieure à 600µS pour la majorité des orchidées.

Le tableau ci-dessous vous donne quelques seuils :

VALEUR DE LA SOLUTION D'ARROSAGE EN µS	TYPE D'UTILISATION	ORCHIDÉES CONCERNÉES
50 à 150µS	Pour orchidées très sensibles aux excès d'engrais.	Particulièrement les *Disa*.
Autour de 150-200µS	Utilisation à tous les arrosages avec un rinçage de temps en temps à l'eau faiblement minéralisée.	Toutes les orchidées (sauf les plus gourmandes) Obligatoirement pour les espèces cultivées en sphaigne, mais aussi les espèces délicates comme les *Dracula*, *Lepanthes*, *Masdevallia*, *Pleurothallis*, *Restrepia*... Orchidées sur support de liège ou bois. Toutes les orchidées en période de repos si un arrosage léger est nécessaire.
400-600µS	Pour l'arrosage une fois sur deux ; les autres arrosages se faisant avec une eau faiblement minéralisée pour rincer le substrat.	La majorité des espèces (hors celles citées plus haut) telles que : *Cattleya*, *Phalaenopsis*, *Oncidium*, *Zygopetalum*...
800 à 1 000µS	Pour l'arrosage en période de forte croissance uniquement, une fois sur deux, d'espèces « gourmandes » ; les autres arrosages se faisant avec une eau faiblement minéralisée pour rincer le substrat.	Espèces à forte croissance et à gros pseudobulbes tels les *Catasetum*, les *Cymbidium* hybrides...
1 200µS (parfois plus...)	Pour forcer la croissance de certaines espèces. Usage horticole. Déconseillé pour l'amateur.	Nombreux hybrides.

NB : Pour les analyses de l'eau de conduite, il est considéré à titre indicatif, qu'en moyenne pour les eaux généralement disponibles, 30µS correspondent à 1°GH ou 1,79°THf (dureté totale).

Disa

Restrepia

Oncidium

Catasetum

Cymbidium

LA LUMIÈRE ARTIFICIELLE

Touffes de *Cyrtochilum macranthum* et Broméliacées en plein soleil (Nord du Pérou, 3 100 m)

Dans une cave ou une pièce sombre, mais aussi dans un terrarium ou au niveau d'un mur d'eau, il est indispensable d'apporter une lumière suffisante à la croissance des orchidées, aussi bien quant à sa quantité que sa qualité. Sur ce point, les orchidées ont des besoins similaires aux autres plantes vertes et **les conseils prodigués dans ce chapitre seront valables pour d'autres plantes que l'on peut cultiver en compagnie des orchidées** (fougères, bégonias, tillandsias, Broméliacées, Aracées diverses...). Mais même au niveau d'une serre ou d'une culture le long d'une fenêtre ou d'une baie vitrée bien orientée, il est parfois nécessaire pour cultiver certaines espèces exigeantes, de faire un appoint en lumière artificielle, en particulier en hiver sous nos latitudes.

Quelques notes sur les fonctions de la lumière chez les végétaux

La lumière est captée par des pigments des parties vertes de la plante, principalement les chlorophylles et carotènes, et elle est utilisée comme une source d'énergie pour fabriquer la matière vivante constitutive du végétal, et ce à partir seulement d'eau et de dioxyde de carbone. Un déchet fort utile est libéré, l'oxygène. Ce phénomène est appelé la **photosynthèse**.

La majorité des orchidées font de la photosynthèse et sont donc totalement autonomes pour leur nutrition (dites « autotrophes » vis-à-vis du carbone), alors que les animaux sont obligés de consommer de la matière vivante préexistante (dits « hétérotrophes »). Les végétaux verts savent la fabriquer par eux-mêmes. Cependant certaines espèces d'orchidées sont dépourvues de pigments pour effectuer la photosynthèse (souvent toutes leurs parties aériennes sont beiges ou brunâtres...) et tirent leur alimentation de la matière morte grâce à leurs champignons symbiotiques : ces orchidées sont dites saprophytes et sont en général incultivables !

Cyrtochilum macranthum

La lumière entre aussi en jeu dans la **morphogenèse**, c'est-à-dire la mise en place, puis la forme, des organes tels les feuilles. Chez les orchidées, une lumière trop rouge aura souvent pour conséquence la

Culture de *Masdevallia* sous lumières artificielles (chez l'auteur)

mise en place de feuilles trop longues et étroites et des plantes qui parfois s'étiolent, tandis qu'une lumière trop bleutée donnera des plantes anormalement trapues et à feuilles trop rondes ayant parfois des difficultés à fleurir.

La durée du jour est aussi très importante car elle varie au cours de l'année, même à l'équateur où sa variation est certes minime d'une saison à l'autre, environ un quart d'heure, mais perceptible par nombre d'espèces. Plus on s'approche des pôles, plus l'hiver aura des jours courts et l'été des jours longs. Ce rythme de la lumière au cours de l'année est appelé **photopériodisme**. Ces alternances saisonnières conditionnent la croissance, la floraison et la période de repos. Ainsi, pour la floraison, certaines orchidées comme les *Cattleya*, ont besoin d'une période de jours courts.

Enfin, la très grande majorité des orchidées ont leurs organes verts qui poussent vers le haut : on parle de **phototropisme** positif. Elles perçoivent donc la lumière pour s'orienter dans l'espace et croître !

Une orchidée sans chlorophylle : la Néottie nid-d'oiseau (Jura)

En conclusion, une lumière qui serait insuffisante quant à sa quantité (intensité et durée) ou quant à sa qualité pourrait avoir de graves conséquences au niveau de la croissance (plantes chétives), du cycle (pas de floraison par exemple), mais aussi au niveau de la forme des organes (des feuilles en particulier).

Besoin des orchidées en éclairement

Comment mesurer l'intensité de l'éclairement ?

L'utilisation d'un **luxmètre** n'est pas nécessaire pour l'amateur d'orchidées... Néanmoins, certains amateurs, avec d'importantes installations totalement sous lumières artificielles et qui cultivent un grand nombre d'espèces dont certaines seraient exigeantes en quantité de lumières, auront de réels bénéfices à acquérir un luxmètre pour positionner au mieux les différentes espèces en fonction de leurs besoins. Cependant, il est possible d'estimer la luminosité par des critères suggestifs (pleine lumière, mi-ombre...), mais aussi de l'estimer par exemple par l'orientation d'une fenêtre (voir p. 85), la distance des plantes par rapport aux lampes...

Les besoins en éclairement des orchidées

On fait la distinction entre 4 groupes principaux : les espèces de pleine lumière ou soleil direct, celles de soleil partiel, celles de lumière tamisée ou mi-ombre et celles d'ombre. Globalement, pour la très grande majorité des orchidées les besoins en éclairement varient selon les espèces de 4 000 à 50 000 Lux.

À SAVOIR

Luxmètre

L'éclairement se mesure à l'aide d'un luxmètre et son unité est le Lux. Plus une source de lumière est intense, plus elle fournira un éclairement important. Pour fixer les idées, voici quelques valeurs de l'éclairement prises un été en France à midi :

Extérieur, à l'ombre légères d'arbres : 10.000Lux (journée ensoleillée), 5.000Lux (journée pluvieuse)
Ciel couvert : 21 000 Lux
Soleil légèrement voilé : 38.000Lux
Plein soleil : peut atteindre 100.000Lux !

Dendrobium thyrsiflorum, espèce exigeante en lumière

- **Les espèces de pleine lumière** sont souvent des espèces terrestres qui poussent dans des zones exposées (certains *Cymbidium*), ou sur les branches les plus hautes des arbres (nombreux *Oncidium* à feuilles rigides), ou sur des rochers très ensoleillés (certains *Laelia*). Ces espèces ont en général des feuilles épaisses (*Schomburgkia, Rhyncholaelia*) et très coriaces ou en forme de bâtonnet (tels les *Papilionanthe* proches des *Vanda*) pour résister au manque d'eau et aux ultraviolets. D'autres possèdent de puissants pseudobulbes aux feuilles caduques (Les *Cyrtopodium* en particulier)
- **Les espèces de soleil partiel** sont au soleil une partie de la journée, le matin ou le soir et sinon plus à l'ombre aux heures les plus chaudes. Il s'agit souvent d'espèces poussant en lisière de forêt, en lisière de clairière ou de chablis (zone où un vieil arbre vient de tomber en créant une trouée dans la forêt), ou sur les bords des fleuves et rivières... Ces espèces ont souvent des pseudobulbes assez gros ou des feuilles assez coriaces (*Cattleya*...).
- **Les espèces de mi-ombre** sont souvent des épiphytes qui poussent dans des branches intermédiaires. Le feuillage de l'arbre qui sert de support apporte une ombre légère. C'est le cas de fort nombreuses espèces à feuillage fin (*Bollea, Cochleanthes, Odontoglossum, Miltonia, Miltoniopsis*...), à pseudobulbes réduits par rapport à la taille de la plante ou dépourvus de pseudobulbes, mais aussi d'orchidées monopodiales à feuillage souple comme de nombreux *Phalaenopsis*...
- **Les espèces d'ombre** sont souvent des terrestres de sous-bois (certains *Paphiopedilum* par exemple) mais aussi des épiphytes qui poussent sur les troncs ou à leur base (tel les *Paphinia*) ou qui croissent dans des gorges profondes et humides ou des forêts de brouillard où les jours clairs sont très rares (cas de nombreux *Pleurothallidinae*).

Paphinia cristata, espèce d'ombre

Les correspondances que l'on peut suggérer entre ces 4 groupes et des fourchettes d'éclairement sont récapitulées ci-dessous :

PLEINE LUMIÈRE	SOLEIL PARTIEL	MI-OMBRE	OMBRE
40 000 à 80 000 Lux	20 000 à 40.000Lux Du moins pendant quelques heures dans la journée.	10 000 à 20 000 Lux	4 000 à 10 000 Lux

NB : les anglo-saxons utilisent non pas le Lux, mais le Footcandle ou pied bougie. 1 Footcandle = 10,76 Lux et donc 1 Lux = 0,093 Footcandle.

Principaux symptômes d'un déficit ou d'un excès de lumière

Brûlure de soleil sur une feuille de *Sobralia*

Les symptômes énoncés ne sont pas toujours strictement dus à un problème de luminosité mais peuvent aussi être provoqués par des carences ou des excès en certains sels minéraux...

- **Excès de lumière :** feuilles qui rougissent, plante extrêmement compacte par rapport au port normal de l'espèce, brûlures au niveau des feuilles (sur la face supérieure une zone rougeâtre à brun teinté de pourpre qui finit par se dessécher).
- **Manque de lumière :** croissance ralentie, orchidées chétives qui ont tendance à avoir des feuilles trop longues et fragiles, de teinte d'un vert trop pâle par rapport à la teinte normale de l'espèce, les feuilles des monopodiales sont de plus en plus petites, les pseudobulbes des sympodiales sont de plus en plus petits, certaines espèces monopodiales qui forment des « lianes » ont des entre-nœud de plus en plus longs...

Assurer les besoins en lumière de ses orchidées

Dans le cas d'une culture le long d'une fenêtre ou baie vitrée, les orchidées ne devront pas être placées à plus d'un mètre de celle-ci, car très vite, au fur et à mesure que l'on s'éloigne des vitres, l'intensité lumineuse décroît (voir p. 85). Une fenêtre au nord ne pourra accueillir que des espèces d'ombre et une fenêtre orientée plein sud apportera en flux de lumière très important, surtout en été, permettant la culture d'espèces de pleine lumière et de soleil partiel. Souvent, en particulier l'hiver ou les jours de mauvais temps, un apport de lumière artificielle sera nécessaire et mis en fonctionnement 10 à 12 heures par jour en hiver, par exemple de 9 heures à 19 heures et pendant 13 à 14 heures en été. Etant donné qu'il s'agit seulement d'un appoint de lumière, la qualité du flux lumineux apporté en plus est moins déterminante que pour une installation qui recevrait très majoritairement sa lumière d'un système artificiel. Néanmoins, les ampoules à incandescence parfois vendues pour l'usage horticole sont technologiquement dépassées car la lumière produite est de mauvaise qualité pour les plantes, ces lampes consomment trop d'électricité et chauffent de trop ! Il est donc conseillé d'utiliser, soit de grosses ampoules à économie d'énergie ayant une lumière blanche, soit une rampe d'éclairage (modèle étanche pour salle de bain ou extérieur ou aquarium) avec deux tubes néons 36 W, dont l'un sera d'une qualité « lumière froide » (dénommée aussi « cool light » ou « blanc industriel ») qui est blanche ou bleutée, et l'autre « lumière chaude » ou « warm white » qui est plus orangée. Ces lampes devront être installées assez près des feuilles mais pas trop pour éviter des brûlures, c'est-à-dire entre 20 et 60 cm du feuillage. Pour plus d'informations, consultez les exemples d'installations du chapitre suivant.

Fleurs d'un *Stelis* éclairées par un rayon de soleil (Pérou)

À SAVOIR

Et la photopériode ?

Quelques espèces d'orchidées ont un besoin avéré d'une différence de durée du jour au cours de l'année pour caler leur cycle, en particulier pour induire la floraison. Pour les autres espèces, les études scientifiques et observations sont insuffisantes pour avoir des certitudes. Néanmoins, le plus souvent ce sont les différences de températures qui jouent un rôle primordial, en particulier la différence entre le jour et la nuit et sa variation au cours de l'année. Dans la pratique, il est conseillé de maintenir un photopériodisme en culture : s'il n'est pas utile pour certaines espèces, il peut l'être pour d'autres et n'aura aucun effet négatif tant qu'il reste dans des limites acceptables pour des plantes de régions équatoriales et tropicales. En général on conseille 14 heures d'éclairement en été et un tout peu moins que 12 heures en hiver (pendant un ou deux mois par exemple). En fin d'hiver, on augmentera progressivement la durée d'éclairement (sur un mois par exemple) et en fin d'automne, on la diminuera... S'il s'agit juste d'un complément d'éclairage, le soleil fera par lui-même le travail !
On veillera à ne pas éclairer ses orchidées au-delà de 12 heures en hiver.
Enfin, pour forcer la croissance des jeunes plantes, certains horticulteurs éclairent toute l'année 16 heures par jour (aller au-delà serait inutile).

1

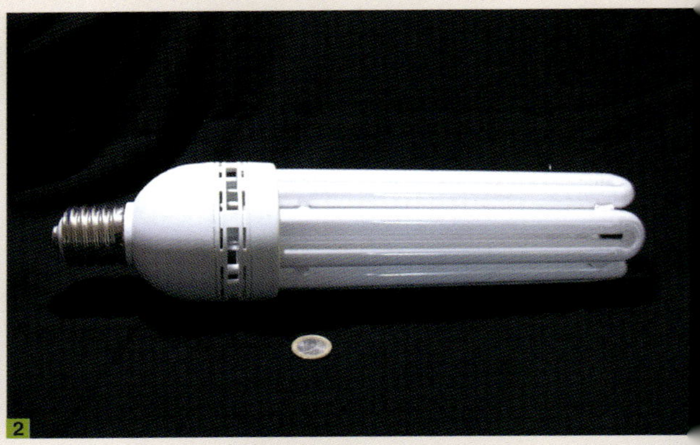

2

1 Ampoule type « économie d'énergie » horticole 200 W

2 Ampoule type « économie d'énergie » horticole 125 W

3 Ampoule HPS

4 Tubes fluo-compacts avec réflecteur

Choisir le bon éclairage

Face à la diversité des éclairages proposés, on se perd un peu... Les principaux types et modèles utilisés pour la culture des orchidées et les critères utilisés pour juger de la qualité d'un éclairage horticole seront présentés. En orchidophilie, on utilise principalement des tubes néons traditionnels de 36 W, les tubes du type « fluo-compact », des ampoules du type « à économie d'énergie » et dans une moindre mesure les lampes à décharge soit à vapeur de sodium (HPS) soit à iodures métalliques (MH). Les autres systèmes sont peu utilisés ou peu utilisables.

RÉSUMÉ

Principaux critères pour le choix d'un système d'éclairage

- Une qualité de lumière qui permette aux orchidées d'effectuer leur photosynthèse donc leur croissance avec un maximum d'efficacité,
- Une qualité de lumière qui favorise aussi la floraison et un port harmonieux,
- Un flux lumineux suffisant pour une consommation électrique la plus faible possible, c'est-à-dire le meilleur rendement,
- Une facilité d'installation et d'entretien,
- Une lumière la plus proche possible de la lumière solaire pour un bon rendu des couleurs,
- Un système qui chauffe peu, pour éviter de dessécher l'air et de perdre trop d'énergie électrique sous forme de chaleur...
- Disponibilité dans le commerce et prix non prohibitif.

3

4

La lumière reçue au niveau des feuilles

Détail d'une installation chez un amateur en Suisse

Il n'est pas nécessaire d'avoir une compréhension approfondie de la nature de la lumière, mais seulement quelques bases pour comparer les lumières artificielles à la lumière solaire puis confronter les informations acquises aux besoins des végétaux chlorophylliens.

La lumière est constituée par des particules (sans masse ni charge électrique) appelés photons qui se déplacent à très grande vitesse. Tous les photons d'une lumière telle celle solaire n'ont pas la même énergie. Ainsi, à chaque photon correspond une énergie qui elle-même correspond à une longueur d'onde qui est mesurée habituellement en nm (manomètre). Plus cette longueur d'onde est faible, plus l'énergie du photon est forte, et plus cette longueur d'onde est grande, plus l'énergie est faible. La lumière est donc à la fois onde et particule... La lumière solaire émise par notre étoile, est constituée par des photons ayant des énergies très diverses. Ainsi, l'ensemble des photons ayant des longueurs d'ondes comprises entre 380nm et 780nm forme la lumière visible que notre oeil humain est capable de percevoir :

Le mélange de toutes ces couleurs forme la lumière solaire visible qui est blanche, mais il y a d'autres photons émis par le soleil et à énergie plus forte (en dessous de 400nm) appelés ultraviolets et des photons à énergie plus faible, au-delà des rouges, donc de longueurs d'onde supérieurs à 800nm appelés infrarouges ou en langage courant, la chaleur. On peut représenter sous forme de graphique, **le spectre solaire** qui donne la « quantité » de lumière solaire parvenant à la surface du sol terrestre, pour chaque longueur d'onde.

SPECTRE SOLAIRE COMPLET (AU NIVEAU DE LA MER)

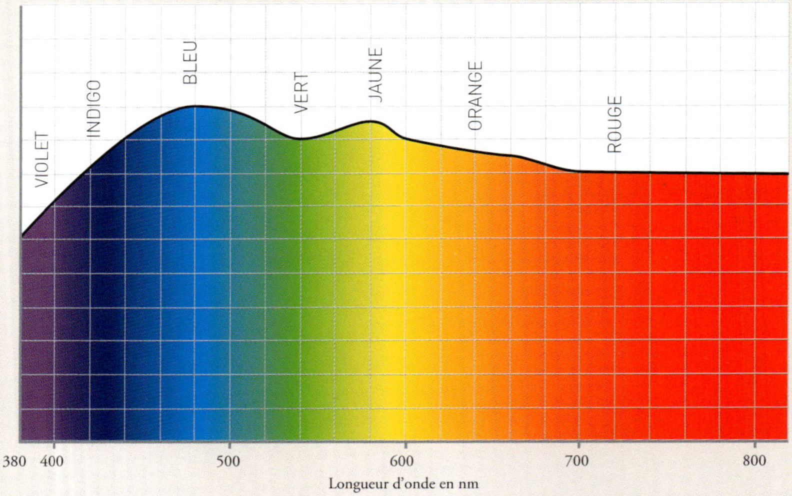

La lumière reçue par les plantes contient une quantité non négligeable d'ultraviolets (UVA et UVB) et des infrarouges, mais surtout la gamme complète des longueurs d'onde du visible. Dans le visible, ce spectre est sans lacune (il est continu), équilibré même si les bleus et verts sont plus représentés que les rouges.

Détail d'une feuille, principal organe de la photosynthèse (ici *Macodes petola*)

Utilisation de la lumière par les feuilles

- **La lumière utilisée pour la photosynthèse**

Les ultraviolets n'ont pas un rôle déterminant pour la réussite d'une culture. Dans la nature, ils ont une action germicide qui peut être utile, mais provoquent aussi des mutations (par exemple à l'origine de certaines cancérisations) qui sont plus dangereuses qu'utiles. Il en est de même des infrarouges, car en culture, les lampes utilisées n'ont pas pour but de chauffer les plantes, mais de les éclairer… En fait, seules les longueurs d'onde de la gamme du visible nous intéressent : les organes verts des plantes ont cette couleur si caractéristique car ils absorbent les bleus et les rouges, mais pas les verts : la lumière blanche qui parvient à la feuille est captée sauf le vert qui est réfléchi et que nous percevons donc…

- **Le spectre d'action de la photosynthèse** donne l'efficacité de chaque longueur d'onde de la lumière pour effectuer de la photosynthèse, c'est-à-dire produire des sucres pour croître. On remarque deux pics d'efficacité. La plante n'utilise donc pas toutes les couleurs de la lumière mais seulement deux : principalement les rouges (autour de 650 nm) mais aussi les bleus (autour de 440 nm) et pas du tout les verts. Ainsi, si on éclaire une plante seulement avec une lumière verte, elle dépérira rapidement : elle mourra littéralement de faim !

SPECTRE D'ACTION PHOTOSYNTHÉTIQUE D'UNE ORCHIDÉE

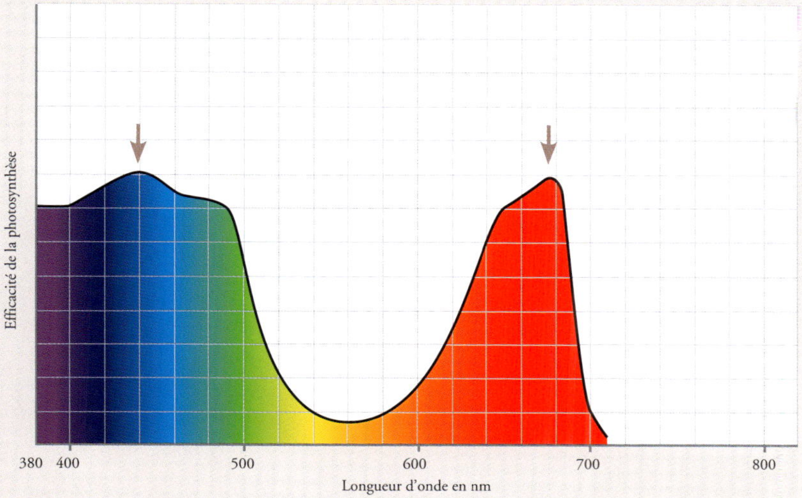

NB : Ce spectre d'action varie plus ou moins d'une espèce à l'autre, mais est très semblable pour toutes les plantes chlorophylliennes continentales, dont les orchidées, car elles utilisent essentiellement pour capter l'énergie lumineuse les mêmes pigments (chlorophylles a et b et carotènes). En revanche, le spectre d'action peut être très différent chez certaines plantes aquatiques comme les algues brunes et les algues rouges en fonction des pigments photosynthétiques qu'elles possèdent. Les lampes spécialement conçues pour l'aquarium d'eau de mer et adaptées aux besoins des algues et coraux divers ne conviennent donc pas pour la culture à l'air libre !

- **Rôles des longueurs d'onde à la marge**

La photosynthèse utilise des radiations situées entre 400 et 700nm, cependant un manque total de radiations entre 350 et 400nm et 700 et 800nm, donc à la marge, peut provoquer des problèmes de développement de la plante au niveau de sa morphogenèse. Sur certaines plantes telles les rosiers et chrysanthèmes, un apport supplémentaire de radiations entre 700 et 800nm c'est-à-dire en rouge sombre (RS) par rapport au rouge clair (RC) entre 600 et 700nm, permet de stimuler la croissance... Ces radiations rouges sont captées par des pigments particuliers, **les phytochromes**. D'autre part, les radiations dans les bleus et violets (350 à 500nm) influencent aussi le développement. Personnellement, j'ai remarqué que seules des espèces de pleine lumière, en particulier les orchidées terrestres avec une période de repos prolongée comme certaines terrestres australiennes (Les *Pterostylis* par exemple) ou certains *Eulophia* avaient des difficultés à croître et fleurir sous des associations classiques de lumières artificielles et qu'un apport de rayonnements bleus et rouges aux marges amélioraient le développement. De telles espèces sont très exigeantes sur la qualité du spectre et il vaut mieux les cultiver sous lumière solaire.

Utiliser ces données pour juger de la qualité d'un éclairage horticole

- **Juger de la quantité de la lumière fournie par une lampe**

Le premier point est le **flux lumineux** que peut fournir une lampe donnée. Ce flux lumineux est la totalité de l'énergie rayonnée par une source lumineuse dans l'espace et se mesure en **Lumen (lm)**. Cette lumière se diffuse dans l'espace et plus on s'éloigne de la lampe, plus cette quantité de lumière se « disperse », et moins une même surface de feuille que l'on éloigne de la source, recevra d'énergie lumineuse.
Les fabricants de lampes donnent souvent (sur l'emballage, mais plus souvent sur des notices techniques ou sur leur site Internet) le flux lumineux produit par la lampe (neuve) en Lumens. Bien entendu, plus une lampe fournit un flux lumineux intense, plus elle permet d'éclairer une grande surface et de cultiver des plantes ayants de forts besoins en quantité de lumière.

Oncidium splendidum, espèce de pleine lumière, demande un éclairage puissant et au spectre de bonne qualité pour fleurir. Ses feuilles en « oreille de mule » sont très coriaces

Il est possible de calculer très simplement le rendement énergétique de la lampe en faisant le rapport entre le flux en Lumen et la puissance de la lampe en Watt.

RENDEMENT = FLUX LUMINEUX (LM) / PUISSANCE (W)

Ce rendement est donc mesuré en lumen par Watt ou lm/W

Par exemple, une lampe à incandescence de 100 W qui délivre seulement 1 380 lm a donc un rendement bien faible de 13,8 lm/W (pertes sous forme de chaleur), alors qu'un simple tube fluo classique bas de gamme de 36 W produit un flux de 2 400 lm, pour un rendement bien supérieur de 66,7 lm/W et fait partie de la classe B pour la consommation d'énergie. Un tube haut de gamme de 36 W produit 3 350 lm, soit un rendement excellent de 93 lm/W qui le classe dans la gamme A. On comprend donc les économies d'énergie qui peuvent être faites !

- **La quantité de lumière reçue par la plante**

Pour la plante, ce qui compte c'est l'éclairement qu'elle reçoit. L'éclairement est le flux lumineux reçu par unité de surface et **se mesure en Lux.** Ainsi, 1 Lux équivaut à 1 Lumen par m^2. Plus on s'éloigne d'une source ponctuelle de lumière plus l'éclairement diminue comme l'inverse du carré de la distance à la lampe ($1/d^2$). En effet, le flux lumineux se « disperse » dans l'espace, et plus on s'éloigne de la source, plus une même quantité de photons éclaire une grande surface : si on double la distance à la source, on divise par 4 (soit 2 x 2) l'éclairement reçu, si on triple la distance on divise par 9 (soit 3 x 3), si on quadruple la distance on divise par 16 (soit 4 x 4) mais dans la pratique, fort heureusement, l'éclairement diminue moins fortement en fonction de la distance aux lampes, car les lampes ne sont pas des sources ponctuelles (un tube fluorescent est tout en longueur...), de plus on en met plusieurs côte à côte avec des réflecteurs et les murs peints en blanc réfléchissent aussi une partie de la lumière : il y a donc un « jeu complexe » de rayons lumineux dans de nombreuses directions !

On peut donc, en jouant sur les types de lampes (connaissant le flux lumineux produit en lm), sur le nombre de lampes et la distance de mise en place de chaque plante à la lampe (p. 66), mais aussi selon la position de la plante sur le plateau de culture part rapport à la lampe, apporter l'éclairement qu'il convient à chaque espèce...

En pratique, dans l'ordre croissant de l'éclairement fourni on a :
- tubes fluorescents standards 36 W (T8) classe B de consommation d'énergie,
- tubes fluorescents standards 36 W (T8) classe A de consommation d'énergie,
- tubes du type fluo-compact 55 W
- lampes horticoles du type « économie d'énergie » en 125 ou 200 W
- lampes à décharge (HPS et MH) 250, 400 puis 600 W.

Phalaenopsis amboinensis peu exigeant en lumière, fleurit bien sous de simples tubes fluorescents.

Les espèces les plus exigeantes en éclairement seront positionnées au milieu de la zone éclairée et plus en hauteur... La majorité des orchidées ont des besoins en quantité de lumières assez faibles par rapport aux plantes habituellement cultivées sous lumières artificielles telles des annuelles à croissance rapide (tomate...), ou des plantes insectivores, des cactus... ce qui peut surprendre. Mais, d'une part, dans la nature la majorité des espèces vivent soit sous l'ombre légère de la canopée, soit dans des forêts de brouillard, et d'autre part, les orchidées sont des vivaces à croissance lente. De plus, le but d'un orchidophile n'est pas la productivité végétale (un maximum de tiges, feuilles et fruits...), mais des plantes saines sur le très long terme avec un cycle végétatif normal et de belles floraisons. Les chiffres indiqués dans la littérature sont souvent surestimés car pris dans la nature en condition d'éclairement maximal qui souvent ne se produit que quelques heures par jour ou quelques jours par mois ou pendant la saison sèche. En culture, la lumière fournie est constante tout au long de la journée et des quantités assez faibles peuvent suffire pour de nombreuses espèces : ainsi, de nombreux *Masdevallia* et *Chondrorhyncha* cultivés pendant 5 ans sous 4000 Lux ne présentaient aucun problème ni de croissance ni de floraison. On peut donc cultiver la très grande majorité des orchidées dans les fourchettes basses, entre 4000 (minimum 3500 Lux) et 20000 Lux. Seules les espèces réellement de pleine lumière, citées dans la partie précédente, et les espèces de très grande taille (*Angraecum superbum*, *Ansellia africana*, vanilles...) ont besoin des systèmes les plus intenses d'éclairage. Quoi qu'il en soit, les orchidées sont assez exigeantes quant à la qualité de la lumière : une attention particulière doit lui être donnée.

La qualité de la lumière produite par une lampe est donnée par son spectre d'émission et sa température de couleur

Les fabricants mesurent et fournissent le spectre d'émission des lampes, c'est-à-dire la palette des différents rayonnements produits par la lampe. (p. 144) Pour les lampes horticoles, elle est très majoritairement dans la gamme du visible, mais souvent avec des lacunes (certaines longueurs d'ondes sont absentes ou peu représentées). Ainsi, le spectre d'une lampe à décharge HPS fournit la gamme nécessaire des rouges et orangés, mais pas ou très peu de bleus. Utilisée seule sur des plantes en croissance, elle sera inadaptée : par exemple les *Phalaenopsis* hybrides auront des feuilles très étroites et une mauvaise croissance ! En revanche, utilisée sur des plantes adultes en induction florale, elle permettra d'obtenir une floraison copieuse. La lampe MH possède la majorité de son spectre dans les bleus indispensables pour la photosynthèse, mais aussi dans des verts inutiles. Cette lampe MH favorisera la croissance, mais les orchidées auront beaucoup de difficultés à fleurir.

En horticulture intensive, on utilise ces deux types de lampe successivement, mais pour un amateur d'orchidées, qui ne cultive pas un seul hybride en centaines d'exemplaires et tous au même stade de

croissance, mais des espèces différentes, à des stades de croissance différents et ayant des époques de floraison échelonnées dans l'année (c'est tout le charme de l'orchidophilie !), il faut utiliser un spectre le plus complet possible, qui doit « épouser » au mieux le spectre d'action de la photosynthèse : plus le spectre d'émission d'une lampe peut se superposer au spectre d'efficacité de la photosynthèse, plus son coefficient nommé **PAR (Photosynthetic Active Radiation)** ou **RAP (Radiation Active de Photosynthèse)** est élevé ! Aucune lampe HPS ou MH actuellement disponible n'a une PAR suffisant pour l'amateur d'orchidées, même les HPS du type Agro qui fournissent un peu de bleu en plus... surtout si elles sont utilisées en tant que source principale de lumière et non pas en tant que complément.
En revanche, l'association des deux lampes, l'une HPS et l'autre MH pourra convenir, mais, seul inconvénient et de taille, étant donné qu'elles sont disponibles toujours à des fortes puissances (adaptées aux plantes annuelles à croissance rapide), elles chauffent énormément l'air et ont tendance à dessécher les orchidées

Spectre d'émission d'une lampe MH utilisées en horticulture

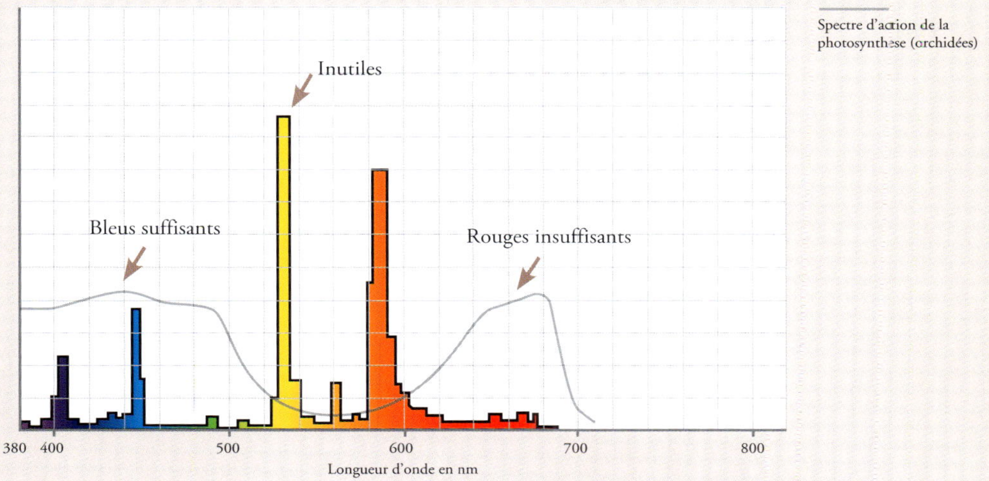

Seules les nouvelles ampoules fluo-compactes à grand flux lumineux du type « à économies d'énergie » pour la culture des plantes ont une PAR de 100 % et sont donc très recommandées pour la culture des orchidées (ci-dessous). En revanche, l'ampoule à incandescence est vraiment inadaptée.

Spectre d'action de la photosynthèse (orchidées)

Spectre d'émission d'une lampe à incandescence

Spectre d'émission d'une lampe "économies d'énergie" modèle horticole

Spectre ampoule éco 100 % PAR

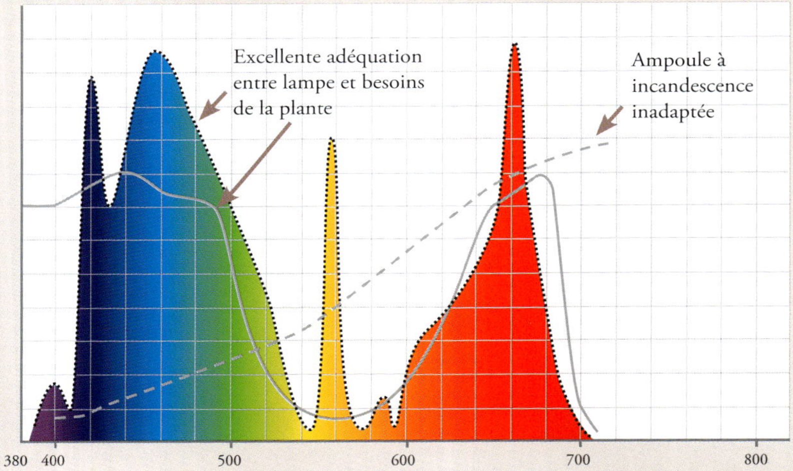

NB : Enfin, pour avoir un rendu des couleurs des fleurs le plus proche possible de celui qu'il y aurait dans la nature et pour avoir aussi ces utiles longueurs d'onde à la marge, il est bon de vérifier que le spectre d'émission de l'ensemble des lampes associées soit proche de celui du soleil. En cas d'une difficulté de culture rencontrée chez certaines espèces très exigeantes sur la qualité du spectre en particulier des orchidées de plein soleil qui se traduirait par des problèmes de morphogenèse des organes ou de floraison, il sera nécessaire d'adjoindre quelques tubes fluorescents bien choisis (une piste : ceux vendus pour l'aquariophilie marine…) pour améliorer le spectre. Mais ce dernier point est vraiment un détail pour spécialiste.

Les spectres ne sont pas toujours facilement accessibles, et une donnée très pratique presque toujours fournie sur l'emballage de la lampe ou sur la lampe elle-même est sa **température de couleur** exprimée en degrés Kelvin : plus une lampe fournit des couleurs dans les rouges, plus sa température de couleur est basse, plus elle fournit des tons bleutés, plus elle est élevée. Ainsi, les lampes HPS ont une température de couleur autour de 2000°K et les MH autour de 4000-4500°K.

Les lampes à décharge, mais aussi les tubes fluorescents et fluo-compacts n'ont pas des PAR suffisants et il faut donc toujours les associer : une lampe de faible température de couleur (2000 à 3000 °K) avec une autre de température plus élevée (en général 4000 °K) pour obtenir un coefficient PAR suffisant.

	Tube fluorescent 36 W standard	Tube fluorescent 36 W haut de gamme	Tube du type fluo-compact 55 W	Lampes à « économies d'énergie »	Lampes à décharge
MODÈLES	Le Philips TLD/33 Grolux de Sylvania	Modèles horticoles classe A (Philipps MASTER TLD simple ou reflex).	Philips MASTER PL-L 830 Philips MASTER PL-L 840	Envirolite, Ecolite, Nurturelite... En 125 W ou 200 W	HPS du type horticole MH du type horticole De 200 W à 600 W (1 000 W déconseillé)
UTILISATION	Pour un terrarium planté. Pour toutes les orchidées en flacon (culture in vitro).	Pour un terrarium planté. En complément de la lumière naturelle. Pour toutes les orchidées en flacon (culture in vitro).	Pour toutes les installations	Pour toutes les installations mais les lampes étant d'assez grande taille, pas pour des espaces très réduits tel un petit terrarium...	Pour les orchidées : HPS enrichies en bleu comme complément à la lumière naturelle. Association HPS/MH en chambre de culture de grande taille. Ne pas utiliser les 1000 W qui chauffent vraiment de trop l'air.
ORCHIDÉES CONCERNÉES	Espèces de petite taille (moins de 15 cm de hauteur) et d'ombre.	Espèces de taille petite et moyenne (moins de 20 cm) d'ombre ou de mi-ombre. Tout type de températures de culture.	Espèces d'ombre, mi-ombre et soleil partiel et de taille petite à plus que moyenne (30 cm) dont celles de climat Tempéré Froid et Froid.	Toutes les espèces grandes et petites, d'ombre et de plein soleil dont celles de climat Tempéré Froid et Froid.	Pour la culture pro. Pour des espèces de grande taille ou à très forts besoins en lumière. Plutôt des espèces de climat Tempéré Chaud ou Chaud.
FLUX LUMINEUX PAR LAMPE OU TUBE	2850 lm	3350 lm	4,800 lm	11,000 lm	19000 à 130000 Lux
RENDEMENT	Correct	Bon	Très Bon	Bon	Excellent
ASSOCIATIONS	Au moins 4 tubes 2 Grolux et 2 TLD alternés	Au moins 4 tubes : blanc chaud et blanc brillant alternés	Deux tubes, un de chaque (un de 3000 °K et l'autre 4000 °K)	Préférable d'associer deux modèles (2700 °K et 6400 °K) de même puissance en W	Une HPS avec une MH
PAR	Bon si association	Bon si association	Bon si association	Excellent	Correct si association
DISTANCE AU FEUILLAGE	10 à 20 cm	10 à 50 cm	15 à 80 cm	20 à 100 cm	A plus de 80 cm
ÉCLAIREMENT	Moins de 8.000Lux	Moins de 10.000Lux	Jusqu'à plus de 20000 Lux	Avec deux lampes à 200 W on peut atteindre les 40.000Lux	Eclairement très intense
REMPLACEMENT DES LAMPES	Tous les 10 à 12mois. Changer en même temps chaque starter.	Tous les ans. Changer en même temps chaque starter.	Tous les 2 ans	Tous les 2 ans	Tous les 2 ans
INSTALLATION ET MATÉRIEL	Facile à installer. Réglettes vendues prêtes à installer partout...	Facile à installer. Réglettes vendues prêtes à installer partout...	Facile à installer. Réglette avec réflecteur vendu en kit prêt à installer !	Facile à installer Réglette avec réflecteur vendu en kit prêt à installer	Difficile à installer (besoin d'un électricien) car nécessite un transformateur.
SURFACE DE CULTURE UTILISABLE (RECEVANT PLUS DE 4000LUX)	5 tubes côte à côte permettent d'éclairer 0,5 m² (110 cm x 45 cm) à 20 cm des tubes	5 tubes côte à côte permettent d'éclairer 0,5 m² (110 cm x 45 cm) à 30-40 cm des tubes	2 tubes côte à côte permettent d'éclairer 0,5 m² (70cm x 75 cm) à 40-50 cm des tubes	Deux lampes côte à côte Permettent d'éclairer 2 m² (130 cm x 75 cm) à 40 cm des lampes	Deux lampes de 200 W permettent d'éclairer à 120 cm de distance une surface de 3 m².
AVANTAGE	Faible coût Disponibles partout	Faible coût Disponibles assez facilement.	Très pratiques et économiques. Faible coût des tubes. Augmente peu la température ambiante	Très pratiques Excellent spectre pour les plantes. Augmente peu la température ambiante	Tres fort éclairement. Kit à monter disponible. Coût abordable.
INCONVÉNIENT	Technologiquement dépassé pour l'usage horticole...	Eclairement assez faible.	Non utilisable pour les espèces de très grande taille ou aux très forts besoins en éclairement.	Lampes chères à l'achat et encombrantes.	Ces lampes très puissantes chauffent beaucoup. Il faut une importante extraction d'air. Certains modèles produisent des UV dangereux pour les yeux.

Les différents types d'éclairage et leur utilisation

Quel éclairage utiliser ?

ECLAIREMENT FOURNI EN FONCTION DU TYPE D'ÉCLAIRAGE ET DE LA DISTANCE DE LA PLANTE À LA LAMPE

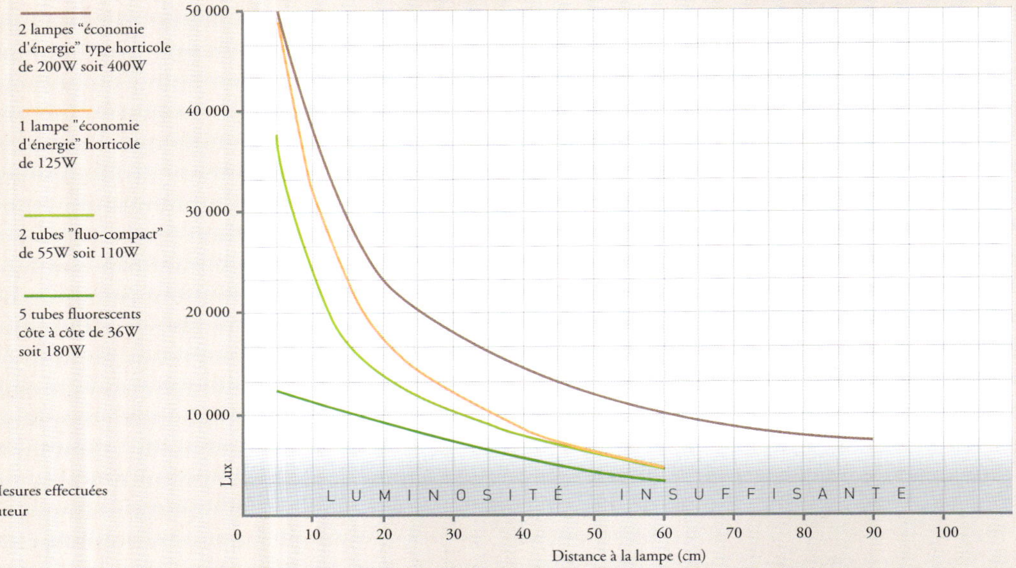

NB : Mesures effectuées par l'auteur

On a donc l'embarras du choix, mais personnellement je conseille l'utilisation de tubes fluorescents « haut de gamme » ou des fluo-compacts, pour le rapport qualité/prix. **Pour des espèces d'ombre et mi-ombre, les tubes fluorescents suffisent. Pour les espèces plus exigeantes, les fluo-compacts seront parfaits.** En revanche les lampes « économies d'énergie » seront conseillées (au minimum deux lampes de 200 W) pour des espèces de grande taille qui ont besoin d'une bonne répartition du flux lumineux. L'ajout de telles lampes mais en 125 W au niveau d'une installation avec tubes fluo-compacts pourra améliorer la PAR de l'ensemble. Je déconseille l'utilisation de MH et HPS pour la culture des orchidées. Elles pourront néanmoins être très utiles comme complément de lumière en serre ou véranda ou même en grande serre de balcon, particulièrement en hiver. La chaleur dégagée permettra d'augmenter d'une manière non négligeable la température de la serre...

La durée de vie des lampes

Elle peut être très longue, mais au fur et à mesure de l'utilisation, le flux lumineux diminue.

PERTE DE FLUX D'UN TUBE FLUO STANDARD EN FONCTION DU TEMPS.

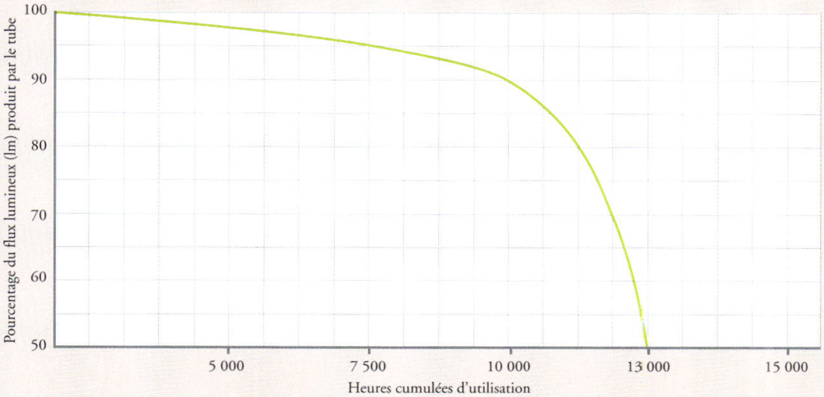

Pour un tube fluorescent classique, en 10 000 heures de fonctionnement, le flux perd 10 à 15 % de sa valeur puis chute. Pour les autres systèmes, cet ordre de grandeur est le même, mais, après les 10 000 heures, il n'y a pas de chute aussi spectaculaire du flux. En pratique, les tubes fluorescents seront remplacés tous les ans (avec leur starter), par exemple en automne, quand les orchidées ont besoin d'un peu plus de lumière pour l'induction florale. Si le but n'est pas une production intensive, les autres ampoules pourront être remplacées que tous les 2 à 3 ans (voir un peu plus selon les exigences des plantes cultivées et la marge d'éclairement de votre installation).

NB : Des essais concluants sont actuellement effectués avec des murs lumineux couverts de minuscules ampoules ou diodes.

Optimiser l'éclairage reçu par les plantes

Pour optimiser son éclairage, l'utilisation de **reflecteurs** au-dessus des lampes est primordiale. Un reflecteur en métal martelé est de loin bien meilleur que celui en métal lisse car il évite les points de surchauffe en distribuant mieux la lumière. Pour minimiser encore les pertes de lumière, **les murs en blancs sont conseillés.** On peut aussi, sur les parois qui entourent les plantes, coller (avec du bouble-face pour moquette par exemple) un film réfléchissant. Le papier Aluminium ne convient pas car il finit par s'oxyder et se déchirer. L'idéal est l'utilisation de **bâche réfléchissante plastifiée** (comme le Mylar) qui a une capacité de réflexion de 95 à 99 %.

LE REMPOTAGE : UNE DES CLÉS DU SUCCÈS

La majorité des espèces proposées à la vente sont cultivées en pot. Quand on a compris les besoins des orchidées, et qu'au bout de deux ou trois ans, le *Phalaenopsis* qui fleurissait chaque année dépérit, c'est souvent parce qu'il n'a pas été rempoté du tout ou alors trop tardivement...

Les bases pour réussir ses rempotages

Quand rempoter ?

Phragmipedium besseae

Cattleya skinneri

Le rempotage doit être régulier pour éviter que les racines de l'orchidée ne soient en contact avec un substrat trop désagrégé sous l'effet de l'humidité. Un substrat trop vieux se colmate et asphyxie les racines qui finissent par mourir. Or une orchidée en bonne santé doit avoir des racines vigoureuses. De plus, l'engrais non utilisé par la plante s'accumule dans le substrat et peut finir par « brûler » les racines.

On rempote tous les 12 à 18 mois : les orchidées qui ont besoin d'arrosages très réguliers comme les *Phalaenopsis, Paphiopedilum, Phragmipedium, Miltoniopsis, Odontoglossum, Masdevallia, Dracula*...

On rempote tous les 2 ans : les espèces qui nécessitent moins d'eau, ou une période de repos au sec : par exemple les *Cattleya, Dendrobium*...

Le rempotage doit se faire **lors de la reprise de végétation**, quand de nouvelles racines se forment et ce quelle que soit la saison... Cette reprise de végétation a néanmoins lieu le plus souvent au printemps et en début d'automne. Si une orchidée est dans un compost très dégradé, le rempotage se fera rapidement même si elle n'est pas en croissance active.

Pourquoi rempoter si souvent en culture en appartement ? Tout simplement par sécurité. De plus, en culture en serre, les arrosages sont souvent effectués au jet d'eau ce qui mouille surtout le feuillage et la surface du substrat, et la plante capte aussi son eau dans l'humidité ambiante toujours suffisamment élevée en serre, par ses feuilles et racines aériennes. Donc le substrat se dégrade beaucoup moins vite qu'en appartement car il est moins humidifié. En appartement, l'air est plus sec, il faut donc arroser plus souvent et l'eau doit entrer en profondeur dans le substrat qui se dégrade donc plus vite...

Il est urgent de rempoter ce *Zygopetalum maxillare*.

Les substrats habituellement utilisés

Le choix d'un substrat qui doit être à la fois de qualité mais aussi adapté aux orchidées est primordial. Un bon substrat doit maintenir une certaine humidité, mais sans excès, tout en laissant de l'air circuler. Il ne doit pas non plus se désagréger trop rapidement. Il existe des substrats faciles d'utilisation qui sont présentés ci-dessous et valables pour de nombreuses espèces, tandis que d'autres sont plus spécialisés et demandent un certain doigté pour les utiliser.

La majorité des substrats proposés sont à base d'écorce de pin qui donne un milieu aéré. A cette base, est parfois ajouté de la sphaigne qui est une mousse provenant des tourbières et utilisée pour une meilleure rétention d'eau, des billes d'argiles ou des fragments de polystyrène pour alléger l'ensemble, des morceaux de véritable charbon de bois non traité pour assainir. Certains substrats contiennent des fragments de cosse de noix de coco qui retiennent bien l'eau et favorisent l'enracinement.

Voici donc un choix parmi les principaux substrats habituellement proposés (les proportions sont exprimées en % du volume). Ils sont conseillés pour débuter car faciles d'emploi et à se procurer.

- **Mélange « Ecorces de pin » n° 1 :**
  - 70-80 % d'écorces de pin de moyenne granulométrie (2 à 4 cm), bien propres et tamisées.
  - 10-20 % de billes d'argiles assez grosses et de fragments de polystyrène expansé.
  - 10 % de charbon de bois non traité de même granulométrie que l'écorce.
- **Mélanges « Ecorces de pin » n° 2 :**
  - 70 % d'écorces de pin moyenne granulométrie bien propres et tamisées.
  - 10 % de billes d'argiles assez grosses et de fragments de polystyrène expansé.
  - 10 % de sphaigne morte en brin et préalablement humidifiée.
  - 10 % de charbon de bois non traité de même granulométrie que l'écorce.
- **Mélange type « hollandais » tout préparé :**
  Il se vend en sac. Il est principalement composé d'écorces de pin (3/4 environ) et de fibres, chips et tourbe de coco (1/4). Ce mélange est parfois trop « terreux » et doit être tamisé pour enlever l'excès de particules trop fines. Il est bon d'ajouter au mélange, pour l'aérer, 10 % environ de morceaux de charbon de bois non traité et de billes d'argile ou morceau de polystyrène expansé. Il ne nécessite aucun lavage particulier et possède en général déjà de l'engrais. Il est très utilisé pour toutes les orchidées (sauf les espèces ne pouvant pas être cultivées en pot), mais il faut impérativement rempoter tous les ans car il se dégrade assez vite.

1

Quel substrat utiliser ?

Substrats	Utilisation
1 Mélange « Ecorces de pin » n° 1	Espèces peu exigeantes en eau : *Angraecum* à racines épaisses, *Bifrenaria, Brassavola, Brassia, Cattleya, Chysis,* nombreux *Dendrobium, Encyclia, Epidendrum, Laelia, Oncidium, Rhyncholaelia, Schomburgkia*...
2 Mélange « Ecorces de pin » n° 2	Tous les genres ci-dessus si les conditions de culture sont un peu trop sèches. Orchidées demandant une humidité au niveau des racines : Gros *Aerangis*, petits *Angraecum, Anguloa, Bollea, Bulbophyllum, Chodronrhyncha, Coelogyne,* certains *Dendrobium, Gongora, Huntleya, Kefersteinia, Lycaste, Maxillaria, Odontoglossum, Paphiopedilum* et *Phragmipedium* hybrides, tous les *Phalaenopsis, Stanhopea, Trichopilia, Zygopetalum*...
3 Mélange type « Hollandais » tamisé	De très nombreuses espèces dont toutes celles citées ci-dessus.

NB : Le mélange « spécial orchidée » généralement vendu en jardinerie est très terreux et ne conviendra bien qu'aux orchidées terrestres et aux *Cymbidium*.

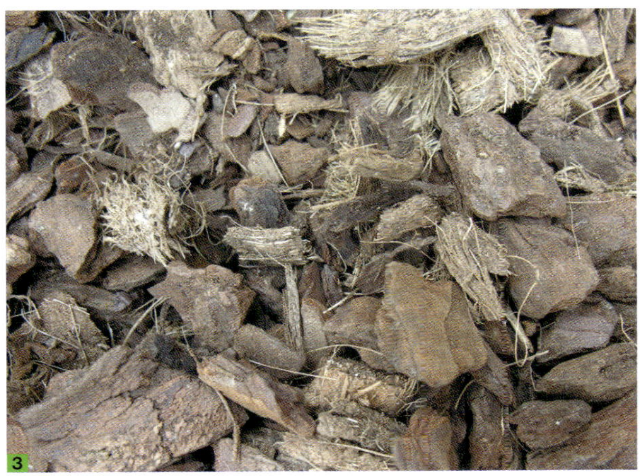
3

Comment rempoter ?

1 Dépoter. Si besoin est, découper ou casser l'ancien pot.

2 Secouer pour enlever au maximum l'ancien substrat puis enlever à l'aide d'une paire de ciseaux ou sécateur, les racines mortes (noirâtres ou translucides et molles ou évidées).

3 Couper les parties mortes et sèches (bout inférieur de la tige des monopodiales, vieux pseudobulbes desséchés ou pourris des sympodiales…). Si une partie vivante a été sectionnée, la cautériser à l'aide de poudre de charbon de bois.

4 Placer des fragments de pot de terre ou de gros morceaux de polystyrène expansé ou de charbon de bois au fond du pot pour le drainer.

5 Monopodiales : maintenir la plante au milieu, ne pas enterrer les feuilles de base, maintenir les racines dans les pots mais aussi laisser quelques racines en dehors. Sympodiales : placer la nouvelle pousse loin du rebord du pot, ne pas enterrer les pseudobulbes.

6 Verser le substrat. Tapoter sur les bords du pot pour qu'il se place correctement entre les racines.

7 Si besoin, tuteurer la plante. Inscrire dans une liste ou directement sur l'étiquette de la plante, la date de rempotage.

8 Arroser un peu, avec parcimonie deux ou trois jours plus tard et maintenir la plante à l'ombre pour qu'elle reprenne plus facilement.

NB : De nombreux producteurs et associations organisent régulièrement des séances pour les débutants avec démonstration de rempotage. N'hésitez pas à y aller !

Des substrats plus complexes

Il est tout à fait possible de créer son propre substrat, ou du moins d'apporter certaines modifications en fonction par exemple des exigences particulières de certaines espèces ou en fonction de ses conditions de culture. Ainsi, par exemple, pour des espèces très délicates et aux racines fragiles, l'ajout d'un peu plus de charbon de bois peut être bénéfique. Des espèces calcicoles apprécieront un peu de gravier de dolomie... tandis qu'une culture avec un arrosage automatique par goutte à goutte, assez complexe à mettre en œuvre, demandera un substrat qui puisse disperser l'eau dans tout le volume du pot par capillarité (substrat à base de sphaigne ou de tourte de coco, perlite...)

Les différents composants utilisés dans les substrats

Quel que soit le mélange utilisé, un substrat doit arriver à un équilibre entre rétention d'eau, aération, stabilité, maintien d'un bon pH (taux d'acidité)

1

2

3

4

5

6

Comparaison de quelques composants usuels des substrats pour orchidées

Composants	Avantages	Inconvénients	Utilisation
1 Ecorce de pin de bonne qualité	Facile d'emploi. Bonne aération.	S'acidifie en vieillissant.	Elément de base.
2 Charbon de bois non traité	Capte les substances toxiques issues de la décomposition du substrat et les excès d'engrais.	À utiliser en petite quantité.	Pour assainir tous les substrats.
3 Gravier de pierre ponce, billes d'argile, morceaux de polystyrène...	Bonne aération. Neutre.	À utiliser en petite quantité.	Pour alléger et aérer les substrats.
4 Perlite*	Bonne aération. Neutre. Retient un peu d'eau.	Poussières dangereuses pour la santé si inspirées.*	Pour alléger et aérer les substrats
5 Sphaigne morte en brins (mousse des tourbières)	Excellente rétention d'eau.	Se désagrège assez rapidement. Milieu racinaire légèrement acide.	Pour les espèces à forts besoins en eau ou fragiles. Pour faire repartir des arrières pseudobulbes.
Tourbe de coco	Bonne rétention d'eau. Bon milieu de croissance pour les racines.	Peut se colmater assez rapidement.	Pour de nombreuses espèces terrestres.
Tourbe noire TKS1	Bonne rétention d'eau.	Acide et peut colmater.	En mélange pour le premier repiquage des plantules après la culture in vitro. Culture de certaines orchidées terrestres.
6 Chips et fibres de coco	Bonne rétention d'eau mais sans excès. Bonne aération. Milieu favorable à l'enracinement.	Le traitement préalable des chips de coco est assez complexe.	Orchidées à racines fragiles
Vermiculite	Bonne rétention d'eau. Milieu favorable aux racines fines ou fragiles.	Utilisation très pointue. Trop fin pour de nombreuses espèces.	En mélange avec la chips de coco et la perlite pour des espèces à racines très fragiles. Pour bouturer certaines orchidées.
Dolomie, poudre de coquille d'huître	Apport de calcium et magnésium. Maintien d'un pH neutre à légèrement basique.	Usage spécifique.	Quelques pourcent dans les substrats pour espèces calcicoles.

* Remarque sur l'utilisation de la perlite : lors de l'ouverture du paquet de perlite, il faut asperger son contenu avec de l eau, à l'aide du pommeau de douche ou d'un arrosoir. Ainsi, la poussière néfaste pour les poumons ne peut plus être inhalée. Une fois dans le substrat humide, il n'y a plus de risque. Les professionnels du bâtiment qui l'utilisent comme isolant, mettent masque et lunettes de protection.

Un choix de mélanges plus pointus

Mélange « Ecorces de pin » n° 3

- 70 % d'écorces de pin de fine granulométrie (1 à 2 cm) bien propres et tamisées.
- 10-20 % de Perlite rincée.
- 10 % de charbon de bois non traité de même granulométrie que l'écorce.

Mélange à base de sphaigne

La sphaigne est une mousse qui croit dans les tourbières. Elle s'utilise morte et en brins. Elle est protégée en Europe et sa collecte est interdite. En revanche, la sphaigne du Chili ou de Nouvelle Zélande est couramment vendue.

- 80 % de sphaigne (morte) en brin d'excellente qualité préalablement rincée puis essorée.
- 10 à 20 % de Perlite rincée (ou des billes de polystyrène)
- 10 % de charbon de bois non traité (facultatif).

Mélange « Tourbe de coco »

Cette tourbe est issue du broyage grossier puis du compostage de la cosse de la noix de coco. Elle se vend en sac ou sous forme de brique déshydratée qu'il faut laisser tremper et gonfler dans de l'eau déminéralisée (eau osmosée ou de pluie...), puis essorer (en mettant cette tourbe dans un bas par exemple) pour enlever l'excès d'eau et de sels.

- 20 % de tourbe de coco rincée.
- 10 % de Perlite rincée.
- 10 % de charbon de bois non traité.
- 60 % d'écorces de pin de moyenne granulométrie.

Mélange à base de « chips de coco » *

Les chips de 1 à 3-4 cm sont découpées dans la cosse qui entoure la noix de coco. Elles proviennent principalement du Sri Lanka. Pour enlever l'excès de tanins, elles sont lavées mais non pas à l'eau douce, mais souvent à l'eau saumâtre : il faut donc bien les rincer avec de l'eau déminéralisée (eau de pluie, osmosée...). D'une autre part, la chips de coco a tendance à capter certains sels de l'engrais tels le calcium et le magnésium qui feront alors défaut aux racines de l'orchidée. Il faut donc traiter ces chips dans une

* Caussade Olga & Brath patrick, 2005. Chips de coco. Orchidées Culture et Protection, 61 : 24-27.

solution tampon (vendue chez les revendeurs de chips de coco) qui est à base de nitrate de calcium et autres sels minéraux. Pour préparer la chips de coco il faut laisser tremper les chips dans une bassine largement remplie d'eau déminéralisée (osmosée par exemple) pendant 24 heures, mesurer l'électroconductivité de cette eau puis la jeter. Recommencer 2 ou 3 fois l'opération de trempage jusqu'à ce que le taux de sels ait diminué : au départ il n'est pas rare d'avoir une électroconductivité de plus de 1 000µS (1 ms). On doit arriver à moins de 50µS (0,05 ms). Ensuite, il faut tremper les chips pendant 24 heures dans de l'eau déminéralisée additionnée de la dose conseillée de solution tampon pour obtenir 500µS à 800µS (0,5 ms). On peut aussi utiliser, par défaut, du nitrate de calcium au même dosage. Ces chips une fois un peu essorées se conservent très bien quelques mois.

- 80 % de chips de coco rincées puis traitées.
- 10 % de perlite (ou vermiculite pour les espèces à racines très fines).
- 10 % de charbon de bois non traité.

Ce dernier mélange nécessite impérativement l'utilisation d'un engrais contenant du fer, calcium et magnésium.

Mélange tourbe TKS1

- Moitié tourbe TKS1.
- Moitié écorces de pin de fine granulométrie (avec un peu de perlite et de charbon de bois)

CONSEILS D'UTILISATION DE CES SUBSTRATS

SUBSTRATS	UTILISATION
Mélange « Ecorces de pin » n° 3	Jeunes plantules sorties de culture in vitro. Les *Paphiopedilum**(en particulier les *Barbata*) et *Phragmipedium*.
Mélange « Sphaigne »	Jeunes plantules sorties de culture in vitro. Plantes déshydratées ou aux racines mortes. Plantes très exigeantes en eau : *Dracula*, *Masdevallia* et espèces apparentées. Aussi : *Ackermania, Bollea, Chondrorhyncha, Cochleanthes, Kefersteinia* et *Steinia, Zygosepalum*... Mélange aussi utilisé pour les espèces à croissance rapide tels que *Cycnoches*, *Mormodes, Lycaste*... à condition de respecter la période de repos si nécessaire.
Mélange « Tourbe de coco »	Toutes les espèces terrestres dont les Cymbidium. Les *Paphiopedilum* Brachysepalum* (*P. bellatulum, P. concolor, P. godefroye*...) Les *Paphinia*. Espèces à gros pseudobulbe, à croissance rapide puis à période de repos : *Catasetum, Cycnoches, Galeandra, Mormodes*...
Mélange tourbe TKS1	Très bon milieu pour les plantules sorties de culture in vitro.
Mélange « chips de coco » et utilisation d'un engrais très complet	Idéal pour les *Paphiopedilum* et *Phragmipedium*. Plutôt pour amateur confirmé et les professionnels.

* Ajouter quelques pourcents de poudre de dolomie

Exemples d'installations
en appartement ou local

De multiples possibilités s'offrent à l'amateur, certaines faciles à mettre en œuvre et parfaites pour débuter, d'autres plus complexes, mais qui permettront la culture d'un plus vaste choix d'espèces.

à droite :
Paphiopedilum hookerae

DU PLUS SIMPLE AU PLUS COMPLEXE...

Si vous possédez de grandes baies vitrées, elles seront parfaites, si au contraire les fenêtres sont petites, une culture dans une serre d'intérieur pourra procurer beaucoup de satisfactions... Il est tout à fait possible aussi d'installer une mini-serre adossée au niveau d'un balcon. Pour un effet esthétique garanti, le terrarium ou le « mur d'eau » sont parfaits, mais les orchidées ne seront pas le principal élément de la composition végétale. Enfin, pour les passionnés, l'aménagement d'un local (pièce inoccupée, chambre de bonne, cave ou sous-sol...) permettra la culture d'un vaste choix d'espèces. Ces installations seront donc présentées dans cet ordre, du plus simple au plus élaboré...

ATTENTION !

Eau et électricité ne font pas bon ménage...

Avant tout, il faut donc veiller à respecter certaines règles de sécurité :

- éteindre tout appareil avant sa manipulation,
- ne pas arroser ou vaporiser par inadvertance les installations électriques,
- veiller à toujours connecter les appareils à la prise de terre,
- vérifier l'état des disjoncteurs et les remplacer si besoin par des systèmes différentiels,
- utiliser des appareils spécialement conçus pour les ambiances humides,
- ne pas brancher trop d'appareils sur une même prise ou multiprise ou minuteur pour respecter la puissance maximale (en Watt) autorisée.
- faire appel à un électricien pour certains branchements plus complexes tels que pour les ampoules à décharge ou un hygrostat (tout problème électrique serait alors de sa responsabilité),
- ne pas laisser les feuillages atteindre les lampes... s'il y a un risque, interposer un grillage en acier plastifié...

La sécurité est primordiale lors de la mise en place d'une installation même très simple. Ainsi, par exemple, des tablettes fixées à un mur devront être solidement maintenues par un nombre suffisant de vis et chevilles adaptées.

SOMMAIRE DU CHAPITRE

INSTALLATION SIMPLE LE LONG D'UNE BAIE VITRÉE OU FENÊTRE

Il s'agit d'une installation facile à mettre en œuvre, si l'on dispose de fenêtres ou baies vitrées lumineuses que l'on laissera entrouvertes assez souvent, le soir ou les nuits en particulier, quand les températures extérieures le permettent (supérieures à 14 °C).

Installation le long d'une baie vitrée (région parisienne)

DÉTAIL D'UNE INSTALLATION SIMPLE LE LONG D'UNE BAIE VITRÉE

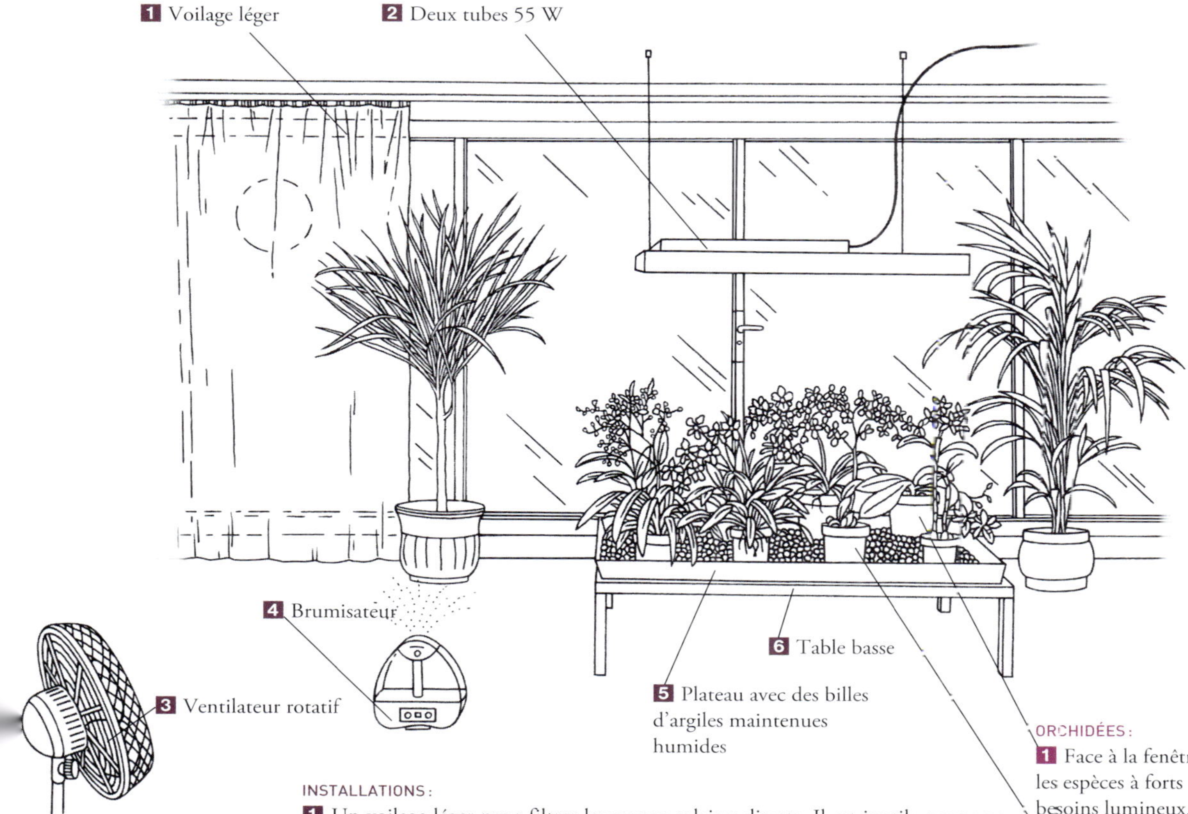

ORCHIDÉES :

1 Face à la fenêtre, les espèces à forts besoins lumineux.

2 A l'arrière, les espèces à faibles besoins lumineux, mais aucune plante au-delà de 1 m de la fenêtre (50 cm, si elle est mal orientée).

INSTALLATIONS :

1 Un voilage léger pour filtrer les rayons solaires directs. Il est inutile pour une fenêtre orientée au nord.

2 Un kit avec deux tubes 55 W du type « fluo-compact », l'un « blanc chaud » et l'autre « blanc brillant ». Il sera indispensable pour une fenêtre orientée au nord, en fonctionnement tout au long de l'année 12 heures/jour, et utile pour les autres orientations en hiver et les jours de mauvais temps.

3 Un ventilateur rotatif en fonctionnement une ou deux heures après les arrosages.

4 Un brumisateur à ultrasons mis en position 60 % d'hygrométrie.

5 Un plateau avec des billes d'argiles maintenues humides sur lequel reposent les pots. On peut aussi utiliser directement une « table de récupération pour hydroculture » et rainurée pour laisser s'écouler le surplus d'eau d'arrosage ; bien entendu, il sera nécessaire de disposer un récipient (sceau, bassine…) pour récupérer l'eau d'écoulement et la jeter ensuite.

6 Une table basse contre la baie vitrée ou la fenêtre.

Promenaea hybride

Le très parfumé
Phalaenopsis bellina

Espèces appropriées

Cette installation permet de cultiver de nombreuses espèces en pot et de « climat » adapté aux températures d'un appartement, soit « Tempéré chaud ». Voici quelques suggestions :

- **Au sud** : *Cattleya* botaniques tels que C. *aurantiaca, C. skinneri, C. intermedia*... et des hybrides de *Cattleya* (*Laeliocattleya*), des *Oncidium* hybrides et des *Oncidium* botaniques à feuilles rigides (dits « oreilles de mule »), des *Encyclia* comme E. *alata, E. cordigera*... mais aussi *Epidendrum ciliare* ou même un *Sobralia* ! On peut tenter aussi des espèces plus difficiles parmi les *Schomburkia*, les *Ascocentrum* et quelques *Dendrobium* hybrides et *Cymbidium* de serre chaude...
- **À l'Ouest, à l'Est, au Sud-Ouest ou au Sud-Est** : Les *Cattleya* botaniques cités ci-dessus et des *Cattleyas* hybrides, des *Oncidium* hybrides (tel que *Howearea* mini primi), des *Prosthechea* comme P. *cochleata* et P. *garciae*, des *Epidendrum* résistants tel que E. *pseudoepidendrum*, des *Promenaea* hybrides, des *Zygopetalum* hybrides, et bien sûr, mais plus loin de la fenêtre (à 50 cm) des *Phalaenopsis* hybrides et des botaniques résistants, mais aussi quelques *Paphiopedilum* et *Phragmipedium* hybrides... On peut tenter un *Stanhopea* ou un *Gongora* en pot ajouré et suspendu...
- **Au nord** : des *Phalaenopsis*, des *Paphiopedilum*, et avec un peu de doigté, des *Cochleanthes* et *Chondrorhyncha* et genres proches, mais aussi des espèces terrestres de sous-bois telles que *Macodes petola* et un *Ludisia* qui ont de très beaux feuillages... Un complément de lumière est indispensable toute l'année et plus particulièrement en hiver.

CONSEIL

Pour débuter

Commencez donc par quelques hybrides divers, puis étoffez d'abord en choisissant les hybrides dont vous réussissez la culture, puis des espèces botaniques proches, puis des genres voisins...

Il est possible de sortir les orchidées à l'extérieur

Les espèces de climat froid, tempéré froid ou tempéré : De mai à octobre (en région parisienne). Cela favorise leur croissance et leur floraison. Les *Cymbidium* et *Coelogyne*, par exemple, l'apprécient beaucoup !

Les espèces tempérées chaudes : De la mi-mai à fin septembre.

Les Phalaenopsis hybrides fleuriront plus facilement s'ils sont mis dehors (à l'ombre) de fin août à fin septembre.

Respectez les besoins en lumière des espèces : posez une toile d'ombrage si la terrasse est trop ensoleillée pour des espèces d'ombre ou mi-ombre.

ÉCLAIREMENT AU SUD

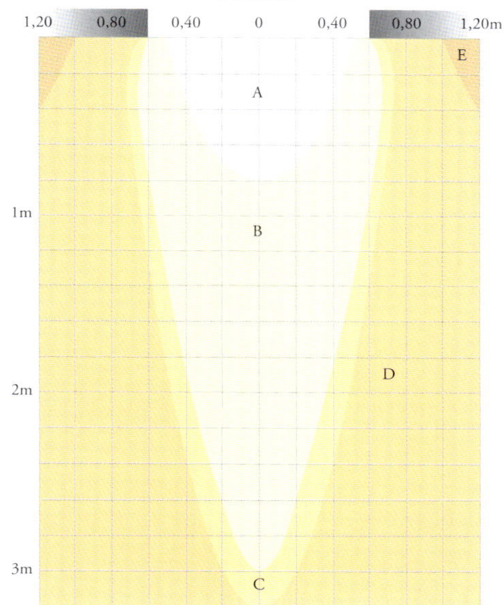

A	50 000 à 60 000 Lux	C	25 000 à 40 000 Lux
B	40 000 à 50 000 Lux	D	10 000 à 25 000 Lux
		E	inférieur à 10 000 Lux

ÉCLAIREMENT AU NORD

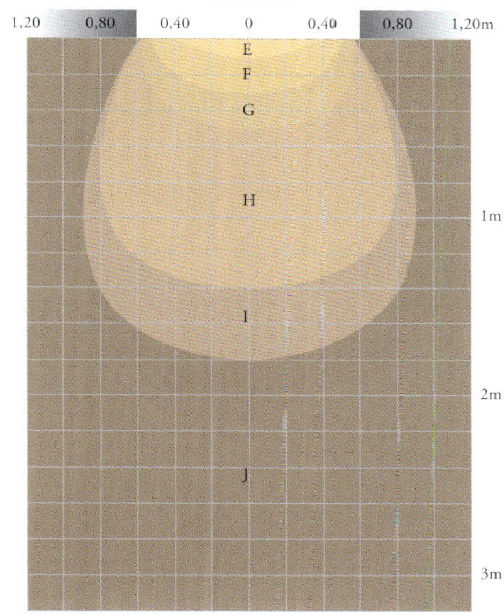

F	1 300 à 1350 Lux	I	500 à 600 Lux
G	1 000 à 1 300 Lux	J	400 à 500 Lux
H	800 à 1 000 Lux	K	inférieur à 400 Lux

Une fenêtre orientée plein sud apporte un éclairement très intense. De surcroit, l'effet du verre de la vitre provoque un échauffement supplémentaire. Il est donc indispensable d'y placer un voilage pour filtrer les rayons du soleil, voilage que l'on tirera par temps couvert. Par temps pluvieux, les valeurs d'éclairement peuvent baisser considérablement et être divisées par bien plus de 10… La lumière risque donc d'être insuffisante pour les espèces les plus gourmands en lumière, tandis que par temps très clair, les espèces d'ombre et mi-ombre devront être protégées en les plaçant, par exemple, derrière des espèces plus exigeantes.

Une fenêtre orientée au nord n'apporte pas une lumière suffisante, même par temps clair et en été pour les orchidées, même celles d'ombre. Un éclairage artificiel complémentaire est donc indispensable.
De toute façon, quelle que soit l'orientation de la fenêtre, on remarque que les plantes ne doivent pas être placées trop loin de la source naturelle de lumière car celle-ci baisse considérablement au fur et à mesure que l'on s'éloigne de la fenêtre.

NB : Mesures effectuées
par l'auteur, été, 14 h , région parisienne

UNE SERRE ADOSSÉE DE BALCON

On peut y cultiver de très nombreuses espèces, comme on le ferait dans une véranda ou une vraie serre, car il y sera plus facile d'y maintenir une atmosphère humide (autour de 70 %) et une bonne différence de températures entre le jour et la nuit.

Pour une bonne isolation thermique, elle sera choisie en polycarbonate d'au moins 8 mm d'épaisseur et d'un bon volume. Une aération en position haute et l'autre en position basse seront indispensables (que l'on pourra refermer quand il fait très froid dehors). Un petit ventilateur pour ambiance humide sera utile pour brasser l'air après les arrosages et en hiver, quand l'air est froid et humide. Un store ou une toile d'ombrage sera nécessaire pour protéger du soleil trop fort particulièrement en été. Un petit chauffage électrique pour serre peut être nécessaire en hiver, mais le plus simple est de positionner la serre adossée de balcon de telle sorte qu'une fenêtre ou porte-fenêtre extérieure y donne directement accès : elle sera maintenue ouverte par temps froid pour que la chaleur de l'appartement chauffe la serre.

Ce *beallara* Tahoma 'Glacier' est de culture aisée dans une serre de balcon en conditions tempérées, en mi-ombre.

Espèces appropriées

On pourra y cultiver à la fois des orchidées en pot, mais aussi en panier et sur support de liège. Selon l'orientation et les températures, on pourra cultiver de nombreuses espèces :

- **Orientation Sud** : les espèces de pleine lumière et soleil partiel.
- **Orientation S-O, S-E, Ouest ou Est** : les espèces de soleil partiel et mi-ombre.
- **Orientation Nord** : les espèces d'ombre et mi-ombre. Un complément de lumière sera nécessaire en hiver pour cultiver les espèces de soleil partiel (compter 4 tubes fluorescents 36 W dans des réglettes étanches pour une serre de 150 cm de longueur).
- **Serre de balcon non chauffée avec des températures mini de 6 °C** : *Cymbidium* de serre froide, *Coelogyne cristata, Dendrobium nobile et D. kingianum*, quelques *Masdevallia* comme *M. coccinea, M. colossus, M. veitchiana, M. coriacea*... les charmants *Pleione* (certains ont besoin de gelées) et certains *Cypripedium (C. reginae).*

Vue de l'intérieur d'une serre de balcon en polycarbonate, chauffée en hiver. Premier plan : *Cleisostoma striatum* en fleur.

À droite : *Pleione* hybride

À gauche : *Eulophia guineensis*, terrestre africaine, s'adaptera facilement à la culture en serre de balcon (tempérée chaude).

LA SERRE D'INTÉRIEUR, LE TERRARIUM, ET LES « CHAMBRES DE CULTURE »

Une serre d'intérieur permet la culture de très nombreuses espèces, car une atmosphère plus humide y est maintenue. Elle pourra être choisie parmi des modèles de mini-serres extérieures, en verre transparent et montants en aluminium, ou en plastique (moins cher, mais moins esthétique), ou en polycarbonate. L'épaisseur des parois sera fine, car il n'y a pas besoin d'isolation thermique particulière. On peut aussi utiliser tout simplement une vitrine ou une cuve nue d'aquarium.

Elle sera placée en face d'une fenêtre lumineuse, mais surtout pas en plein soleil, car par « effet de serre » la température deviendrait vite trop forte. Un complément de lumière sera indispensable. Il faudra choisir des systèmes qui chauffent peu : tubes fluorescents, tubes type « fluo-compact » ou une ampoule 125 W horticoles du type « à économies d'énergie ». L'éclairage, s'il est étanche (réglette étanche ou douilles étanches), pourra être placé à l'intérieur de la serre, tout en haut, mais seulement si la serre est en verre (avec le plastique, il y aurait un risque d'incendie par la chaleur dégagée !). L'éclairage peut aussi être mis juste au-dessus de la serre ou même orienté en direction de l'une des faces de la serre.

Howeara Mini Primi

Pour assurer une ventilation, un petit extracteur d'air ou ventilateur peut être installé. Le plus simple est d'ouvrir le couvercle ou la porte de la serre non seulement chaque nuit (et d'entrouvrir une fenêtre de la pièce pour assurer une différence de température entre le jour et la nuit), mais aussi pendant une ou deux heures après chaque arrosage. On peut en plus, par temps sec, brumiser légèrement le matin et laisser la serre bien fermée pendant une heure environ afin d'augmenter l'humidité, puis entrouvrir pour laisser sécher avant la nuit. La culture sur support de certaines espèces exigeantes (de forêts de brouillard) demandera les mêmes soins et l'ajout d'un petit brumisateur à ultrasons (à une seule cellule) mis en fonctionnement 1/4 d'heure toutes les matinées par exemple.

Les Broméliacées sont idéales pour le terrarium.

Espèces appropriées

Si la pièce est non chauffée, on pourra cultiver des espèces du type « Tempéré », si la pièce est chauffée (raisonnablement), des espèces du type « Tempéré chaud ». Les serres d'intérieur étant de petite taille, on choisira des orchidées de petite taille, en pot, en panier ou sur support de liège. L'éclairage ne pouvant y être très intense (cela chaufferait de trop !), on choisira des espèces d'ombre, mi-ombre et quelques orchidées de soleil partiel mises près de l'éclairage. éviter aussi les espèces qui emandent de forts écarts de température pour induire la floraison.

Dendrobium tetragonum giganteum (ou *D. capitisyork*)

EXEMPLE DE TERRARIUM (VU DU DESSUS)

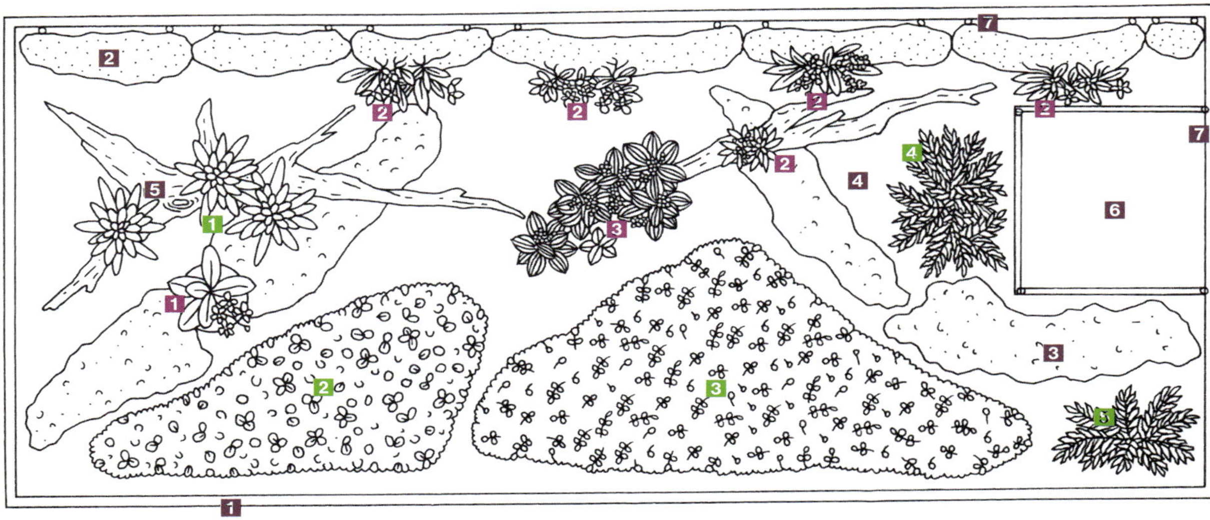

INSTALLATIONS :

1 Cuve nue d'aquarium 100 x 40 x 50 cm.

2 Ecorces de liège collées verticalement à l'aide de points de silicone à la paroi arrière.

3 Pierres pour créer des terrasses à l'arrière.

4 Terrasse (hauteur 10 cm) par rapport au reste à 5 cm.

5 Pièce de bois décorative de tourbière (imputrescible).

6 Petit bac avec de l'eau (favorise l'humidité) dissimulé par les pierres. Il peut être effectué à l'aide de 3 petites plaques de verre collées à l'aide silicone aux parois de l'aquarium.

7 Points et joints en silicone pour coller le verre.

8 Véritable terreau de feuilles allégé avec un peu de sable.

9 Couche de billes d'argiles pour le drainage.

PLANTES VERTES :

1 Broméliacées

2 Pipéracée de sous-bois.

3 Ficus rampant à feuilles panachées.

4 et **5** Petites fougères tropicales de sous-bois

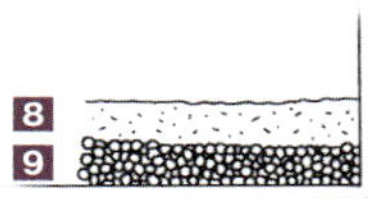

ORCHIDÉES :

1 Phalaenopsis dont le pot est dissimulé entre les pierres.

2 Orchidées miniatures mises en épiphytes sur les écorces de liège et bois de to

3 Orchidée terrestre de sous-bois (Ludisia discolor).

ÉCLAIRAGE :

Deux ou trois néons de 30 W.

Restrepia muscifera

Pour vous guider voici quelques pistes (en conditions tempérées chaudes) :

- **Près de l'éclairage** : *Ascocentrum* divers en panier, *Cattleya* miniature (*C. luteola, C. aclandiae*), petits *Dendrobium* sur support (*D. delacourii, D. tetragonum*...), *Galeandra* en pot (nécessite une période de repos), de petits *Oncidium* (*O. creosus, O. eurycline*)
- **À mi-ombre** : des *Phalaenopsis* botaniques, des *Paphiopedilum* à feuilles mouchetées (*P. callosum, P. barbatum, P. cilare, P. superbiens, P. venustum*...), des *Aerangis* africains sur support, des *Kefersteinia* et *Chondrorhyncha* en pot, quelques *Restrepia*...

Le terrarium utilisant tout simplement une cuve d'aquarium est une possibilité fort séduisante par son esthétisme, mais dans la composition végétale, les orchidées ne seront pas majoritaires. L'éclairage est obligatoire : ne pas utiliser des tubes pour aquarium mais les tubes fluorescents conseillés dans le chapitre sur la lumière artificielle (p. 60). Les soins sont les mêmes que ceux prodigués pour la serre d'intérieur, en particulier la nécessité d'aérer et de ventiler. Si on désire y ajouter quelques animaux, il faudra les choisir parmi de petites espèces (Phelsuma, grenouilles...) et mettre un grillage (du type moustiquaire) en partie haute. Un terrarium est idéal pour y mettre ses orchidées en fleurs et pouvoir en profiter pleinement dans son intérieur : ainsi, le terrarium peut devenir un « présentoir » à orchidées avec un décor imitant la nature... Une fois défleuries, elles retourneront dans le local spécialement aménagé pour elles ou la serre de balcon, ou la serre d'intérieur... Certaines boutiques vendent des serres d'intérieur totalement équipées sous des noms divers tels que « phytotron », « orchidarium » ou « chambre de culture ». Il faudra simplement veiller à ce que l'éclairage ne soit pas des ampoules à décharge trop puissantes pour la grande majorité des orchidées. En effet, les « chambres de cultures » sont en général non seulement plutôt adaptées à la culture de plantes annuelles à croissance rapide (tomates et plantes aromatiques par exemple), mais aussi assez chères.

Un cas particulier : La vitrine réfrigérée*

Enfin, à titre anecdotique, un cultivateur d'orchidées miniatures des Andes (*Lepanthes* en particulier) utilise une vitrine réfrigérée comme celles utilisées dans les débits de boissons et qu'il avait achetée d'occasion... Un système d'éclairage et un petit ventilateur furent rajoutés dans la vitrine. Il faut alors choisir un éclairage qui dégage très peu de chaleur (tubes fluorescents avec le transformateur mis à l'extérieur). Les espèces les plus fragiles absolument minuscules (plante et fleurs rentreraient dans un dé à coudre !) et réputées presque incultivables, sont mises dans des boîtes en plastique transparent et fermées (couvercle perforé de quelques trous) avec un peu de mousse humide.

* Pallandre J.M., 2006. Des orchidées dans un réfrigérateur (ou la culture en vitrine réfrigérée). Orchidées Culture et Protection, 65 : 22-23.

INSTALLATION TYPE « ÉTAGÈRE À ORCHIDÉES » AVEC COMPLÉMENT DE LUMIÈRE ARTIFICIELLE

Dans cette installation, la lumière naturelle est faible et n'apporte aux plantes qu'au plus un millier de Lux : elle est simplement suffisante pour assurer la photopériode. Les besoins en lumière des orchidées sont donc assurés très majoritairement par des tubes fluorescents 36 W remplacés une fois par an.

PLAN DE L'INSTALLATION (DANS UNE PIÈCE DE 10 M²)

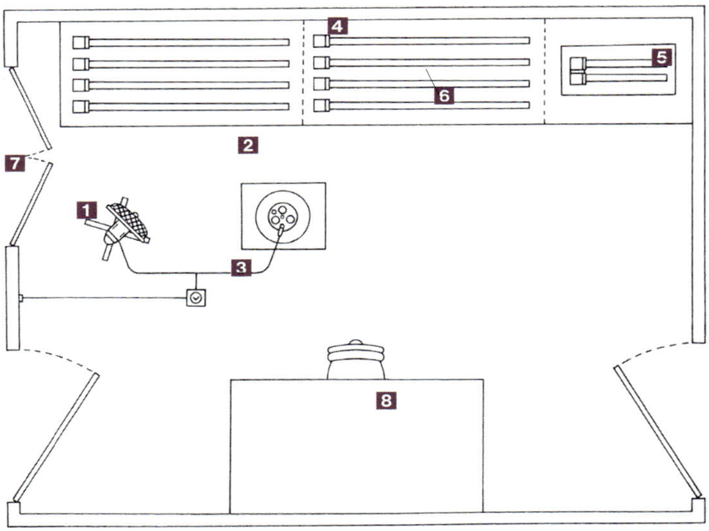

1 Ventilateur rotatif

2 Cuve de 50 x 40 x 40 cm avec eau déminéralisée contenant un brumisateur à ultrasons à 3 cellules et sa bouée, pour une autonomie de fonctionnement d'une dizaine de jours.

3 Minuteur sur lequel sont branchés le ventilateur et le brumisateur, pour une mise en fonctionnement d'un quart d'heure toutes les deux heures.

4 Série de deux fois quatre tubes fluorescents Master 36 W Philips TLD Blanc chaud et Blanc brillant alternés dans des réglettes étanches. Partie réservée à la culture des espèces d'ombre et mi-ombre (de 4 000 à 10.000Lux).

5 Tubes type « fluo-compact » pour assurer davantage de lumière à des espèces plus exigeantes.

6 Plateaux de culture qui totalisent un espace horizontal de culture de 2 m² pour des plantes en pots et 4 m de long pour la culture verticale d'orchidées sur support de liège.

7 Fenêtre sur cour, orientée plein nord et laissée presque toute l'année entrouverte. Ouverte les nuits en été, début d'automne et en fin de printemps

8 Bureau

Espèces appropriées

Voici une liste des genres cultivés avec succès (croissance et floraisons régulières) : *Aerangis* africains cultivés sur liège, *Chondrorhyncha*, *Dendrobium* du type nigrohirsute (*D. bellatulum*, *D. tobaense*...) et *Dendrobium tetragonum giganteum* sur liège, *Epidendrum illense*, *Haraella odorata* et de nombreux *Aerangis* et *Angraecum* miniatures sur liège, *Kefersteinia*, nombreux *Phalaenopsis* botaniques, nombreux *Paphiopedilum*, *Phragmipedium*, *Promenaea*, *Restrepia*, nombreux *Trichopilia*, *Trudellia cristata*, *Warningia eugenii* sur liège...

Trichopilia x ramonense

DÉTAIL DE L'INSTALLATION TYPE « ÉTAGÈRE À ORCHIDÉES »

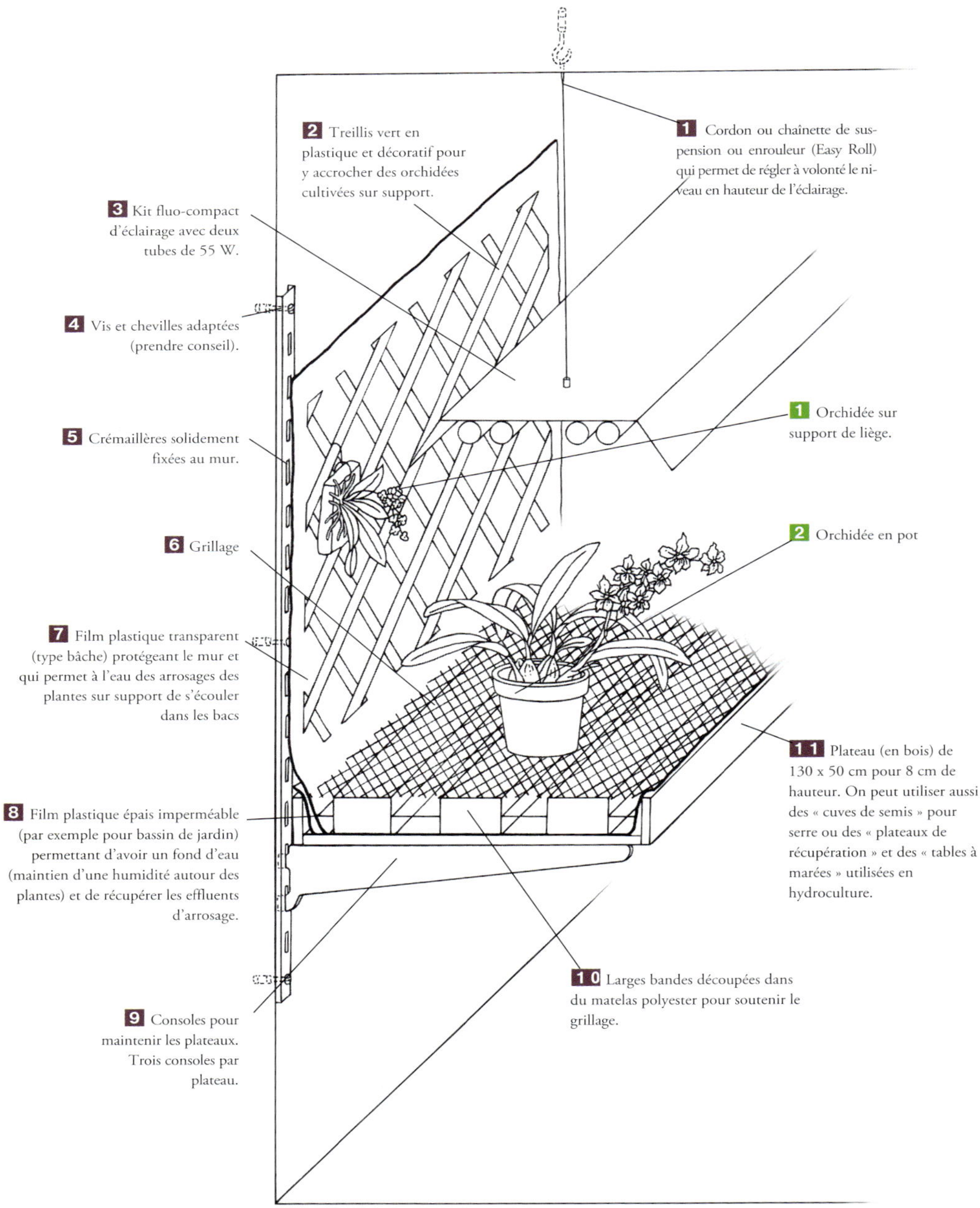

UN LOCAL SPÉCIAL TOTALEMENT SOUS LUMIÈRES ARTIFICIELLES

La méthode est tout à fait similaire à celle utilisée pour l'installation précédente, mais la photopériode est totalement assurée par un minuteur, et tous les besoins en lumière, par l'éclairage artificiel : il faut donc porter une grande attention à la qualité des spectres d'émission des lampes et tubes, à la quantité de lumière fournie et aux changements réguliers des ampoules et tubes.

Si le local est petit, une extraction d'air est indispensable.

En fonction des conditions de températures, presque toutes les espèces d'orchidées pourront y être cultivées, même les plus délicates, telles celles miniatures sur support. Seront simplement à éviter les espèces dont les besoins en lumière seront difficiles à satisfaire (espèces de grandes taille, terrestres de plein soleil...)

Local pour la culture de *Masdevallia*. Le « brouillard artificiel » ou « fog-system » est en fonctionnement.

Masdevallia dalessandroi

Masdevallia ignea

Ceratochilus biglandulosus, une surprenante espèce miniature

LE MUR D'EAU OU VÉGÉTALISATION VERTICALE

Le principe est assez simple : une paroi verticale sur laquelle est appliqué un matériaux servant de substrat aux racines des plantes et qui retient suffisamment l'eau. Un arrosage automatique consiste à faire ruisseler une ou deux fois par jour, de l'eau avec un engrais complet, du haut de la paroi jusqu'au bas où une cuve récupère l'effluent.

Une paroi végétalisée bien conçue est d'un grand impact esthétique, mais demande un certain doigté pour son entretien et le choix des plantes. En effet, ce système de culture se rapproche beaucoup de l'hydroculture (culture sans sol) : une attention particulière doit être portée à l'eau d'arrosage. En effet, le choix de l'engrais, seule source de sels minéraux, mais aussi la maîtrise des paramètres de l'eau, tels que son pH et sa conductivité, sont très importants, en particulier si l'eau du bac de récupération des effluents sert de réserve d'eau pour un arrosage en circuit fermé qui permet une certaine autonomie. Cependant, cette autonomie est en fait assez illusoire : il faut mesurer régulièrement les paramètres de l'eau, la recalibrer par des apports d'eau déminéralisée pour faire baisser la conductivité qui a tendance à augmenter, ajouter un acide (acide nitrique très dilué) ou une base (potasse) pour maintenir le pH dans les bonnes fourchettes etc. De plus, peu à peu des substances indésirables et des germes s'accumulent dans le milieu que seuls une filtration sur charbon actif, puis un passage par un système de désinfection par lampe UV, pourraient empêcher, mais ces techniques utilisées largement en aquariophilie sont complexes. Ainsi, pour ne pas jouer l'apprenti chimiste, je préfère conseiller, soit un système en circuit fermé mais avec un changement de l'eau du bac chaque semaine (ou tous les 15 jours), soit un bac séparé pour l'eau d'arrosage qui pourra être assez grand pour une autonomie suffisante.

Les orchidées ne représentent pas l'élément principal de la végétalisation, et peu d'espèces conviennent : il faudra les choisir parmi celles sans période de repos, du type « Tempéré chaud », si possible à croissance rapide et à faibles besoins lumineux. Elles seront installées lors de leur reprise de végétation (émergence de nouvelles racines). On peut cultiver,

À SAVOIR

Paramètres de l'eau d'arrosage

- Engrais complet (oligoéléments, calcium, magnésium...) dilué dans de l'eau déminéralisée.
- Solution nutritive d'électroconductivité comprise entre 400 et 600µS.
- pH compris entre 6 et 7.
- Une à deux minutes d'arrosage par jour, le matin, et une journée sans arrosage par semaine (à moduler selon les conditions de température et d'humidité de la pièce).

Vue partielle d'un mur d'eau avec *Prosthechea cochleata* (en bas) et *Warmingia eugenii* (haut)…

directement accrochées au substrat avec un peu de sphaigne ou de fibres de coco autour des racines, des orchidées telles que des *Phragmipedium* hybrides, des *Odontoglossum* et *Brassia* hybrides, certains *Epidendrum* de zone humide, quelques *Pleurothallis* résistants… En revanche, les espèces monopodiales en particulier les *Vanda* et genres proches ont tendance à pourrir rapidement si le bout de leur tige est maintenu toujours humide : ces genres sont à éviter. Les orchidées sensibles devraient s'adapter si elles sont dans un premier temps cultivées sur support de liège puis une fois bien installées déposées contre la paroi du mur d'eau lors de leur croissance des racines. Elles auront besoin au début de quelques arrosages manuels avant que leurs racines aillent pomper l'eau dans le substrat de la paroi. Quant aux autres plantes, votre choix peut se porter sur des fougères tropicales de sous-bois, des bégonias, des impatiens, des Aracées, des Broméliacées, des Pipéracées… mais aussi le ficus rampant. Les plantes à grand développement seront mises en bas. Il faudra aussi régulièrement tailler certaines espèces à croissance très rapide.

Pleurothallis titan

SCHÉMA D'UN MUR D'EAU ET DE SON FONCTIONNEMENT

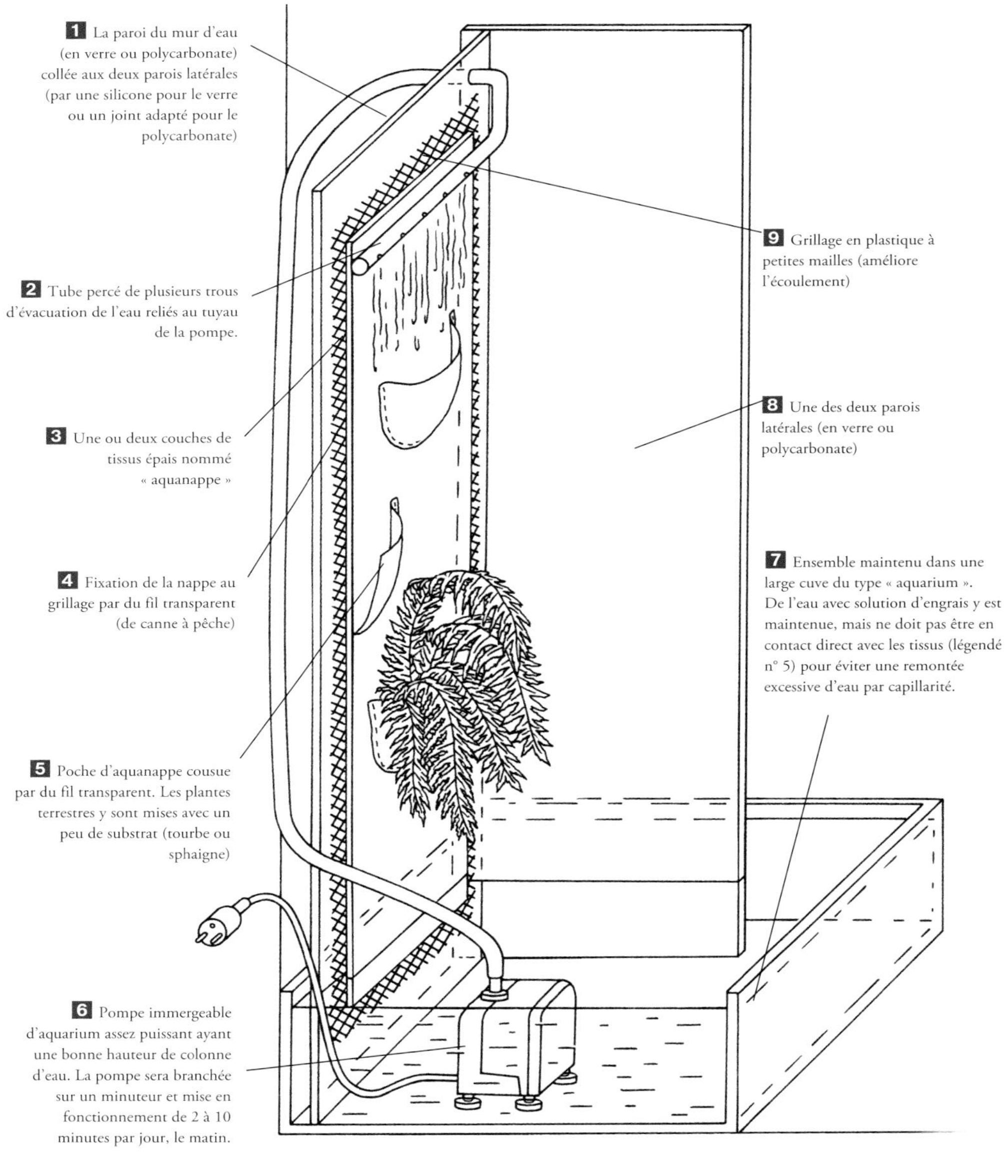

Note sur l'hydroculture des orchidées

Proche du mur d'eau, mais sur un plan horizontal, l'hydroculture est une culture sans sol, ou avec un sol totalement inerte, en présence d'une solution d'engrais qui percole dans le substrat. Cette culture couramment utilisée pour les tomates, par exemple, permet une automatisation et donc, a priori, un gain de temps et une autonomie de l'installation... Pour les orchidées cependant, ce système est complexe à mettre en oeuvre car, dans une collection, les espèces sont diverses et ont des besoins variés. Elle est possible avec succès pour des orchidées hybrides sans période de repos, sympodiales et à racines fines (*Brassia, Odontoglossum, Miltonia*...)** Le principe de base est assez simple : les plantes sont cultivées en pot en plastique ; les racines dans un substrat inerte tel la perlite bien rincée avec un peu de sable quartzite à la surface du pot pour stabiliser l'ensemble ; la base du pot est en contact en permanence avec un fond (2-3 cm) de solution d'engrais complet de 400 à 600µS (ou un peu plus), selon les espèces, et de pH neutre ; cette solution d'engrais monte dans le substrat par capillarité et, donc, sans qu'il n'y ait jamais d'excès d'eau au niveau des racines. Il est préférable de changer la solution régulièrement (une fois tous les 15 jours en moyenne), de vérifier régulièrement ses paramètres (pH, conductivité) et qu'une pompe mette cette solution en mouvement avec un système de filtration (type bac à décantation). Pour éviter une accumulation de sels au niveau des racines, un arrosage des pots avec une solution moins concentrée est parfois nécessaire quelques fois dans l'année et le substrat est renouvelé en moyenne une fois par an. La culture de nombreux *Disa*, tel le célèbre *Disa uniflora*, plantes terrestres sud-africaines qui vivent les racines dans des substrats détrempés, ne peut s'effectuer à long terme que par un tel moyen. Le pH de la solution devra être acide (pH de 5 à 6 environ), d'une conductivité faible (autour de 150µS), et toujours d'une température assez fraîche (entre 15 et 20 °C), mais avec une excellente luminosité (difficile sous lumière artificielle) et dans des conditions tempérées... le substrat utilisé est souvent de la perlite avec de la sphaigne. L'eau du système ne devra pas être stagnante, mais mise en mouvement léger par une pompe. Cet exemple est donné pour réaliser la complexité de ce type de culture qui demande donc un certain doigté.

Disa 'Unilangley'

Disa uniflora

* Culture semi-hydroponique des orchidées, article du Docteur Waly Thomas et Barb Thomas (tiré d'une revue américaine, 2003) http://www.simplyhydro.com/orchids.htm

** Mais aussi pour les *Masdevallia* hybrides, de nombreux *Zygopetalinae* (*Chondrorhyncha, Bollea, Cochleanthes, Stenia*...)

Petits soins réguliers Traitement des éventuelles maladies

Un certains nombres de petits soins réguliers doivent être effectués pour maintenir ses orchidées en bonne santé et éviter les maladies. Sans oublier les précautions à prendre avant de partir en vacances...

À droite :
Encyclia cordigera

CHOISIR DES ORCHIDÉES EN BONNE SANTÉ

Encyclia floribunda

Prosthechea cochleata

Le plus important est la prévention. Ainsi, toute nouvelle plante, avant son acquisition, sera inspectée avec soin :

- Pas d'insecte parasite (cochenilles, pucerons) ni d'acarien (araignées rouges) au niveau des feuilles. Bien inspecter le dessous des feuilles.
- Pas de tâche translucide au niveau des feuilles (signe d'une pourriture bactérienne).
- Observer par transparence les feuilles qui ne doivent pas présenter de zones de décoloration (en particulier jaunâtre et en lignes parallèles), signe possible d'une infection virale incurable.
- Substrat de culture en bon état et non totalement dégradé.
- En tirant très légèrement la plante de son substrat, elle ne doit pas sortir de son pot si elle a de bonnes racines.

Il est préférable de laisser toute nouvelle plante un peu à l'écart des autres pendant quelques jours en guise de quarantaine.

À SAVOIR

Faire refleurir son orchidée

Trois principales raisons peuvent expliquer la non floraison d'une orchidée :

- Tout simplement, la plante n'est pas encore de taille à fleurir... Ainsi, certains *Paphiopedilum* et *Vanda* mettent au moins 8 ans avant de pouvoir fleurir et si la floraison avait lieu avant, ce serait au détriment de la survie de la plante.
- La plante est certes adulte, mais pas assez vigoureuse. Il faut alors reconsidérer sa méthode de culture.
- Les conditions de culture permettent une bonne croissance, mais pas l'induction florale ! Chez les orchidées, l'induction florale est souvent provoquée par une différence de température entre le jour et la nuit tout au long de l'année ou plus importante à une certaine saison, par une luminosité plus intense, par une période de repos, parfois par une variation de la durée du jour...

GÉRER SON DÉPART EN VACANCES...

En premier lieu, le choix des espèces cultivées peut se faire en fonction du temps que l'on peut leur consacrer. Ainsi, les espèces de très petite taille, ou cultivées sur support de liège, ou très exigeantes en eau et humidité demandent des soins très réguliers. Si l'on doit s'absenter régulièrement, la culture d'espèces plus conciliantes (espèces à pseudobulbes ou à feuilles coriaces ou à période de repos marqué...) est un choix judicieux : *Brassia, Cattleya, Catasetum, Coelogyne, Cymbidium, Encyclia, Gongora, Lycaste, Oncidium, Prosthechea, Schomburgkia, Stanhopea, Zygopetalum*...

En général, les orchidées en période fraîche (automne, hiver et printemps), après un arrosage copieux (si elles ne sont pas en période de repos), peuvent rester sans arrosage pendant une bonne semaine à plus d'une vingtaine de jours selon les espèces. En été, lors des fortes chaleurs, une semaine à dix jours est tout à fait possible, à condition bien sûr d'avoir effectué un arrosage très copieux préalablement, mais aussi d'ombrer davantage les orchidées ou en éteignant un tiers des tubes pour éviter l'excès de chaleur.

Si la collection d'orchidée est importante, une personne de confiance, si possible orchidophile, peut venir arroser. Un système d'arrosage par goutte à goutte mais aussi par une « table à marée » (matériel d'hydroculture) peut être mis en place. Il sera en marche le matin pendant quelques minutes (à l'aide d'un minuteur électronique) une à deux fois par semaine. Ce système demande d'utiliser un substrat qui capte l'eau et la transmet par capillarité : les substrats à base d'écorce ne conviennent donc pas ; en revanche ceux à base de sphaigne et de coco sont adaptés. Un arrosage par goutte à goutte ne peut pas être utilisé toute l'année, car les arrosages doivent être modulés en fonction des besoins de chaque orchidée (périodes de repos). Dans la pratique, un tel système est assez difficile à réaliser.

À SAVOIR

Quelques méthodes simples en cas d'absence

- Les plantes sur support peuvent être regroupées dans une bassine remplie au tiers de sphaigne bien humide (mais pas détrempée). La base des plantes avec leurs racines y sera enfouie
- Les plantes en pot peuvent être posées sur des briques humides dans une bassine. La base seule des briques trempe dans l'eau du robinet.
- Une mèche en coton est enfoncée dans le substrat du pot L'autre extrémité trempe dans un petit récipient avec de l'eau. Le niveau de l'eau doit être légèrement en dessous du niveau du substrat.

N. B. Bien entendu la mise en place de tels systèmes doit être temporaire, car il y a risque de pourriture à long terme.

PETITS SOINS RÉGULIERS

- Rempoter régulièrement (au besoin tenir un cahier de culture, avec les dates des rempotages et d'autres informations). Certains préfèrent mettre la date du dernier rempotage au crayon à papier sur l'étiquette qui porte le nom de la plante.
- Se renseigner sur les besoins de chaque espèce et respecter les périodes de repos.
- Ne pas mélanger dans un même espace de culture des espèces aux besoins opposés.
- Enlever les feuilles mortes, les pseudobulbes desséchés et les fleurs fanées.
- Ecarter les plantes malades.

Aucun souci ! La « main verte » n'est pas un don inné et mystérieux… mais, tout simplement, elle s'acquiert en observant ses plantes, en réagissant rapidement, et en anticipant les éventuels problèmes !

ATTENTION !

Précautions d'emploi pour les traitements

En culture en appartement, la voie d'entrée des parasites et maladies est principalement toute nouvelle plante. Si une attention particulière est apportée aux nouvelles venues, vous aurez vraiment très peu de soucis.
En appartement, les traitements doivent être choisis parmi les plus « soft » possibles, car les produits chimiques utilisés diffusent dans l'air et peuvent se retrouver dans toutes les pièces d'une habitation. En cas d'échec, des traitements plus puissants seront à utiliser, mais il faudra respecter strictement le mode d'emploi et ne pas hésiter à utiliser un masque, une paire de lunettes de protection et des gants. De tels traitements ne doivent pas être effectués dans une pièce d'habitation même si les orchidées semblent bien isolées dans une serre d'intérieur, mais à l'extérieur (balcon par exemple). Laissez-y les plantes pendant quelques jours.

PRINCIPAUX RAVAGEURS ET MALADIES

Pucerons

Les pucerons sont de petits insectes qui se nourrissent de la sève. Chez les orchidées, ils apprécient les hampes florales et les boutons. Leur attaque peut provoquer une chute des boutons ou une déformation des fleurs. Ils peuvent être enlevés à l'aide d'un pinceau. Si l'attaque est plus massive, une pulvérisation à l'aide de roténone par exemple est très efficace contre ces insectes.

Pucerons

Cochenilles

Il en existe deux types : les cochenilles farineuses de couleur blanchâtre et les cochenilles à carapace. Elles se placent souvent au revers des feuilles et sur les hampes florales, mais aussi à la base des pousses. Une attaque massive affaiblit l'orchidée atteinte qui peut mettre une ou deux années avant de refleurir. Elles peuvent être enlevées manuellement à l'aide d'un coton imbibé d'alcool dilué, ou en pulvérisant de l'eau savonneuse (deux à trois gouttes de liquide vaisselle par litre d'eau) et en frottant très légèrement à l'aide d'une brosse souple. En cas d'invasion, les cochenilles farineuses peuvent être éliminées par des vaporisations avec du purin d'ortie dilué à 20 %*. Sinon, il faudra utiliser un insecticide systémique : ces produits sont dangereux et seront effectués en dehors de l'habitation.

Cochenilles farineuses

Acariens

Les acariens parasites (ou araignées rouges ou brunes) sont minuscules (à peine un millimètre) et de couleur brunâtre ou rouge. Ils envahissent le dessous des feuilles. Sont particulièrement sensibles les orchidées à feuilles très fines telles les *Acineta, Ancistrochilus, Anguloa, Calanthe, Catasetum, Clowesia, Coryanthes, Cycnoches, Dracula, Galeandra, Lycaste, Mormodes, Paphinia, Phaius*... Le revers des feuilles devient piqueté de jaunâtre et recouvert de très fines toiles. Ces acariens sont une réelle menace pour les orchidées : les plantes atteintes auront une croissance très ralentie et ne fleuriront pas l'année suivante... La propagation de plante à plante est très rapide, d'autant plus que l'humidité de l'air est

Cochenilles noires

* Surand Claude, 2004. Des orties pour nos orchidées. L'Orchidophile, 160 : 49-50.

faible et les températures élevées. Certaines « plantes vertes » peuvent se révéler de véritables foyers d'infection, en particulier les palmiers à feuilles fines. Il vaut mieux prévenir que guérir : bien examiner toute nouvelle plante pour éviter d'introduire ce parasite très difficile à combattre dans sa collection. Toute plante atteinte sera impérativement isolée et traitée. On peut laver le revers des feuilles à l'aide d'un coton imbibé d'eau savonneuse dans un premier temps. Un traitement systémique est indispensable (à ne pas effectuer dans l'appartement lui-même).
Attention ! Les traitements à base d'huile sont très mal supportés par les orchidées et doivent être bannis.

Acarien

Limaces et escargots

Ces petits gastéropodes se cachent dans le compost ou sous les pots. Lors des arrosages, ils sortent pour grignoter les nouvelles pousses. Les dégâts peuvent être conséquents. Leur présence peut parfois être suspectée par les traces baveuses laissées sur le substrat. Le traitement le plus simple consiste à saupoudrer les pots de granulés anti-limaces à base de métaldéhyde.

Limace

Maladies fongiques

Elles sont causées par divers champignons microscopiques et peuvent provoquer rapidement d'importantes pertes en particulier si l'hygrométrie est trop forte et l'air mal renouvelé. Un symptôme assez courant est la présence sous les feuilles de **taches jaunes, plus ou moins rondes, qui deviennent brunes** puis qui se dessèchent. Les feuilles atteintes seront coupées et jetées et la plante isolée des autres. On arrêtera les vaporisations car la propagation des spores se fait principalement par l'eau qui ruisselle d'une plante à l'autre. On vérifiera les conditions de culture, en particulier

Dégâts occasionnés par une limace sur une feuille d'orchidée

PRATIQUE

Cautériser les zones sectionnées (tiges, feuilles, pseudobulbes)

Parfois, on est obligé de sectionner pour diviser ou pour juguler la progression d'une maladie. La partie sectionnée sera saupoudrée d'une poudre préparée à l'aide de 50 % de cannelle et 50 % de charbon de bois non traité. Cette poudre peut être conservée fort longtemps à l'abri de l'humidité.

la ventilation. La plante malade isolée et les autres plantes qui l'entouraient seront traitées avec une solution à 1 g/l de manèbe ou mancozèbe disponible en rayon jardinerie sous différents noms (« Pourritures des légumes et fruits » par exemple). Une goutte de liquide vaisselle (ou mouillant) sera ajoutée à la solution pour favoriser le contact entre la solution et les feuilles. On vaporisera cette solution sur toutes les parties aériennes des plantes, en particulier le dessous des feuilles. Le traitement devra être répété au moins deux fois supplémentaires à quinze jours d'intervalle. Ce produit qui agit par contact n'est pas particulièrement dangereux. Des produits de traitement systémiques (qui pénètrent dans la plante) sont plus efficaces, mais bien plus nocifs, ils sont réservés aux serres (ainsi le myclobutanil est très efficace).

Maladie fongique sur une feuille d'orchidée

Parfois on observe une **pourriture noire de la tige des monopodiales** et qui part de la base de la plante et progresse rapidement vers le haut (en quelques jours) avec une chute des feuilles. Alors que les *Phalaenopsis* sont en général peu atteints, les *Aerangis* et les *Vanda* sont particulièrement sensibles. Chez les sympodiales, on assiste à une **pourriture noire des pseudobulbes** qui deviennent mous : les premiers atteints sont en général les plus anciens. Il n'y a aucun traitement efficace et à la portée de l'amateur contre cette maladie fongique fulgurante. Les plantes malades seront isolées et les parties atteintes (noires ou rougeâtres à la coupe) sectionnées jusqu'au moment où aucune trace noirâtre ne soit visible. Il est d'ailleurs prudent de couper bien au-delà. Bien entendu entre chaque coupe, l'instrument tranchant sera désinfecté à l'aide d'alcool à 90° puis essuyé ou passé à la flamme. La partie tranchée sera cautérisée à l'aide de la poudre de cautérisation. Si l'orchidée n'a alors plus assez de racines, elle sera rempotée dans le substrat à base de sphaigne humide, perlite et charbon de bois. Si l'on réagit vite, les plantes atteintes peuvent être sauvées. À la suite d'une telle maladie dans une collection, il est aussi possible de traiter toutes les orchidées à l'aide d'arrosages et de vaporisations d'Aliette (Fosetyl aluminium) à la dose la plus faible conseillée. Ce traitement n'est pas à effectuer dans une pièce d'habitation.

Section d'une tige monopodiale envahie par la pourriture noire

Pour prévenir cette pourriture noire, il suffit d'une bonne ventilation après les arrosages et de rempotages réguliers.

Pourriture bactérienne causée par une blessure (feuille d'*Aerangis*)

Pourritures bactériennes

Elles affectent surtout les feuilles épaisses des monopodiales souvent à la suite d'une blessure, ou les pseudobulbes et rhizomes des sympodiales, en particulier si les conditions sont trop humides ou si par inadvertance le substrat d'une orchidée en repos total a été maintenu mouillé. Cette pourriture bactérienne se reconnaît facilement à son aspect mou, souvent beige au début et à l'écoulement d'une purulence particulièrement contaminante. Aucun traitement n'est disponible pour l'amateur: tout est dans la prévention (ne pas laisser d'eau stagner dans les pousses et ne pas blesser les feuilles). Les parties malades seront enlevées à l'aide d'un scalpel ou cutter désinfecté, puis la partie sectionnée, cautérisée.

Les viroses

Aucun traitement n'est réellement efficace. Il faut donc prévenir: les plantes atteintes ont souvent des traces d'un vert plus pale au niveau des feuilles et souvent disposées en lignes plus ou moins parallèles. Cette caractéristique est surtout visible par transparence. Parfois, les racines sont biscornues et les fleurs déformées. On ne peut que faire de la prévention: ne pas acheter de plante atteinte de virose, isoler les plantes atteintes (ou les détruire), bien désinfecter les outils tranchants lors des divisions et rempotages pour éviter de transmettre d'une plante à une autre les virus présents dans le suc.

Le *masdevallia* par la seule force de ses racines sort littéralement de son pot. Il est temps de le diviser pour le rempoter

MULTIPLIER VÉGÉTATIVEMENT SES ORCHIDÉES

S'il est aisé de multiplier végétativement les espèces sympodiales, c'est beaucoup plus difficile avec les monopodiales.

Multiplier végétativement les sympodiales

Le plus simple est la division d'une touffe. Parfois, une partie se détache toute seule, parfois il est nécessaire de sectionner le rhizome qui relie deux pseudobulbes. Pour éviter la propagation de maladies, l'instrument tranchant devra être désinfecté. Pour une bonne reprise, faire en sorte d'obtenir trois pseudobulbes adultes (au minimum deux).

Chez certaines plantes âgées, on peut détacher un arrière pseudobulbe défeuillé, en particulier chez les *Catasetum, Cymbidium, Ida, Lycaste, Stanhopea* par exemple... Une fois sa base légèrement enfouie dans de la sphaigne maintenue humide, une nouvelle pousse se forme avec des racines vigoureuses. L'année suivante, la jeune plante pourra être rempotée dans un substrat classique. Les espèces à pseudobulbes longs peuvent aussi être multipliées de cette manière : il suffit chez les *Ansellia, Dendrobium, Thunia*... de prendre un vieux pseudobulbe défeuillé et de le poser horizontalement sur un lit de sphaigne ou de vermiculite humide.

Pousses latérales à la base d'un *Jumellea*

Multiplier végétativement les monopodiales

On peut parfois détacher une pousse latérale qui se forme à la base d'une plante mère âgée, quand cette pousse est suffisamment grande et avec de belles racines. C'est le cas parfois pour certains *Vanda* et genres proches mais aussi des *Aerangis* et *Angraecum*, plus rarement chez les *Phalaenopsis*. Chez certaines espèces telles certains *Epidendrum* et *Renanthera*, il est possible de faire un « cuting », c'est-à-dire couper la partie haute d'une tige, si cette partie est garnie de plusieurs racines aériennes puissantes. La partie basale développera une nouvelle pousse principale. Enfin, quelques espèces développent des « keikis » (« bébé » en langue hawaïenne) au niveau de tiges florales défleuries. C'est le cas particulièrement de nombreux *Phalaenopsis* et des *Restrepia*.

À SAVOIR

Le cas des keikis

Une fois la plantule avec au moins trois feuilles et de belles racines, elle pourra être détachée avec précaution. Désinfecter l'outil tranchant puis cautériser les parties sectionnées. Parfois il est nécessaire de couper un tronçon de la hampe du *Phalaenopsis*, tronçon qui porte la plantule, et ce pour éviter de la blesser. Des poudres pour favoriser la formation de keikis ou pour l'enracinement sont vendues. Leur utilisation est fortement déconseillée car il y a un risque trop important de dérèglement hormonal de la plante mère.

Fiches de culture

Nous détaillerons dans ce chapitre les exigences culturales des principaux genres d'orchidées qu'il est possible de cultiver en intérieur, et il y en a beaucoup, en indiquant un choix des espèces les plus recommandées. Le niveau de difficulté de culture sera précisé pour chaque genre :

- ● pour débuter
- ●● pour amateur ayant un peu d'expérience
- ●●● pour amateur confirmé

À droite :
Angrecum dryadum

Angraecum leonis

AERANGIS & ANGRAECUM

Orchidées monopodiales présentes en Afrique, à Madagascar et aux Mascareignes, elles portent le plus souvent des fleurs élégantes, blanches, parfois plus ou moins lavées de vert ou de rose et qui généralement exhalent au crépuscule ou durant la nuit, de très agréables parfums proches de ceux des narcisses et jacinthes.

Aerangis kotschyana

Aerangis luteoalba rodhosticta

Niveau de culture : ●● Culture difficile sur le rebord d'une fenêtre. Un minimum d'installation est souvent nécessaire.

Support et substrat : La majorité des espèces et plus particulièrement celles de petite taille se cultivent sur support de liège. Les grandes espèces à racines épaisses se cultivent en général en pot avec un mélange du type « écorce de pin » auquel on peut ajouter un peu de sphaigne. Rempotage à effectuer au maximum tous les deux ans.

Humidité : 60-70 %. Les espèces à feuilles sombres (*Aerangis distincta*, par ex.) sur support aiment une atmosphère un peu plus humide mais sans excès.

Températures : Climat tempéré chaud. Un peu plus de fraîcheur pour certaines espèces d'altitude (peu nombreuses).

Période de repos : Aucune. Certaines espèces des zones avec une saison sèche, réclament cependant une diminution des arrosages lors de l'arrêt de végétation, une lumière plus intense et parfois un peu plus de fraîcheur (par exemple *Angraecum sororium*).

Eau, arrosages et engrais : Eau non calcaire. Les arrosages seront réguliers, en particulier pour les espèces cultivées sur support de liège (2 à 3 fois par semaine), mais en veillant à ce que les racines sèchent avant la nuit. Il vaut mieux utiliser régulièrement une eau faiblement minéralisée avec peu d'engrais (quart de la dose, c'est-à-dire 150-200 µS). Pour celles cultivées en pot, un arrosage par semaine convient en général : laisser sécher le substrat entre deux arrosages pour éviter tout risque de pourriture de la tige.

Lumière : mi-ombre. C'est le cas pour la majorité des *Aerangis* africains et certaines espèces de Madagascar qui fleurissent fort bien sous tubes fluorescents (15-20 cm dessous). En revanche, les espèces à feuilles épaisses (*Aerangis ellisii, A. verdickii, Angraecum eburneum*...) apprécient une luminosité plus intense (soleil partiel).

Maladies : Espèces résistantes. Cependant, la pourriture noire de la tige peut faire des ravages si les plantes restent trop mouillées, en particulier si les températures sont trop chaudes ou trop froides, ou si les rempotages tardent à être effectués.

Multiplication par l'amateur : Rare. Des pousses se forment parfois à la base des plantes âgées.

Quelques espèces : Les *Aerangis* africains tels *A. biloba, A. distincta, A. ugandensis*, mais aussi le superbe malgache *A. luteoalba* et les *Angraecum* de petite taille et à racines épaisses (*A. didieri*, par ex.) sont assez conciliants. Ils doivent être cultivés sur support. *Aerangis fastuosa* et *Angraecum compactum* sont plus difficiles à maintenir car ils ont des racines très fines et fragiles.

Genres de culture similaire : *Aeranthes*, (en pot suspendu), *Jumellea* (en petit pot), *Mystacidium* (sur support de liège).

BRASSIA

Une trentaine d'espèces d'Amérique tropicale, au port sympodial, aux pseudobulbes aplatis avec deux grandes feuilles. Les hampes arquées présentent des fleurs exceptionnelles et très gracieuses : grands sépales très longs, labelle bien étalé... Coloris jaune plus ou moins teinté ou tacheté de vert, ocre, marron, pourpre... De nombreux hybrides ont été créés car ces orchidées sont souvent cultivées.

Niveau de culture : • Culture facile sur le rebord lumineux d'une fenêtre d'une pièce assez fraîche.
Conseils de culture : Les *Brassia* se cultivent comme les *Zygopetalum* et *Cattleya*.
Quelques espèces : Tous les hybrides sont faciles à maintenir. Pour qu'ils fleurissent bien il leur faut un peu de fraîcheur nocturne et une luminosité suffisante. *Brassia arcuigera* et *Brassia verrucosa* ont des fleurs de 20 à 25 cm de hauteur... Le charmant *Brassia lanceana* qui croit par exemple en Guyane française, a deux pétales qui se croisent joliment au-dessus du labelle.

Brassia verrucosa

Brassia arcuigera

Bulbophyllum echinolabium

BULBOPHYLLUM

La diversité par excellence ! On compte au moins 1 800 espèces réparties dans toutes les régions intertropicales du monde et plus particulièrement en Asie. Et pourtant la végétation est toujours assez semblable : pseudobulbe rond surmonté d'une seule feuille.

Les racines sont nombreuses et assez fines. En revanche, le rhizome entre deux pseudobulbes est parfois assez grand (plus de 10 cm), parfois très court et la plante a alors un port compact. La taille varie aussi : certains *Bulbophyllum* ont des feuilles géantes (pendantes et d'un mètre de longueur tel B. *fletcherianum*), d'autres sont des miniatures (tel le minuscule B. *keekee* endémique de Nouvelle Calédonie dont chaque pseudobulbe est gros comme une tête d'épingle). La fleur, toujours avec un labelle mobile et qui peut se balancer d'avant en arrière, est souvent « incroyable ». Quant aux parfums, ils ne sont pas toujours agréables car la pollinisation est effectuée par des mouches...

Niveau de culture : ●● à ●●●
La culture sous lumières artificielles peut donner de bons résultats, celle sur le rebord d'une fenêtre, mais sans soleil direct, peut être tentée pour certaines espèces peu exigeantes, mais en pot.

Support et substrat : En général, la culture se fait sur support de liège avec de la sphaigne entre les racines ou en panier suspendu, car souvent ces plantes ont un port rampant, des hampes florales plus ou moins pendantes... Quelques espèces peuvent se cultiver en pot plus large que haut et garni d'un mélange qui retient suffisamment l'humidité : mélange à base d'écorces assez fines avec de la sphaigne, mélange du type « Hollandais » mêlant écorces de pin et coco, mais aussi le mélange du type « Sphaigne ». Rempotage alors tous les deux ans.

Humidité : autour de 70-80 % et bien ventiler.

Températures : En général « Tempéré chaud », mais avec tant d'espèces, il faut se renseigner sur la répartition de l'espèce convoitée (zone, altitude...).

Période de repos : Pas de période de repos. Cependant, certaines espèces montagnardes peuvent réclamer une période de fraîcheur avec une légère réduction des arrosages.

Eau, arrosages et engrais : Eau non calcaire. Engrais pas trop fortement dosé car les racines sont fragiles (à la moitié de la dose, soit autour de 300-400µS). Arroser avec engrais une fois sur deux ou trois. Laisser sécher légèrement entre deux arrosages mais sans provoquer une déshydratation des pseudobulbes.

Lumière : « mi-ombre » car beaucoup d'espèces poussent sur les troncs. Néanmoins, certaines espèces à

Cirrhopetalum frostii

grandes feuilles coriaces érigées, tel le stupéfiant *B. echinolabium*, réclament un peu plus de luminosité pour fleurir...

Maladies : Espèces résistantes. Mais un manque de ventilation en conditions humides ou un substrat dégradé et donc trop mouillé provoque la pourriture noire du rhizome.

Multiplication par l'amateur : Les *Bulbophyllum* font de grandes touffes dont il suffit de couper un rejet latéral garni d'au moins trois ou quatre pseudobulbes adultes et d'une nouvelle pousse.

Quelques espèces : On a l'embarras du choix et pour commencer, conseillons quelques espèces assez faciles à cultiver en pot. Ainsi, B. *lobbii* est très décoratif avec ses hampes portant une seule grande fleur jaune. Le B. *echinolabium*, est exceptionnel avec ses fleurs d'une trentaine de centimètres de hauteur... roses au labelle en forme d'épée... mais au parfum diurne de poisson pourri (supportable par rapport à l'odeur de B. *graveolens*...).

Genres de culture similaire : Les *Cirrhopetalum* font de nombreuses fleurs regroupées en ombelle au bout de la hampe. *Cirrhopetalum* mais aussi *Mastigion* sont très proches des *Bulbophyllum* et se cultivent d'une manière similaire.

Bulbophyllum baliense

Cattleya intermedia

CATTLEYA ET LAELIA

Orchidées d'Amérique centrale et du sud, épiphytes ou parfois lithophytes, sympodiales, aux grandes fleurs particulièrement belles et au labelle extraordinaire. *Cattleya* regroupe une cinquantaine d'espèces et *Laelia*, une soixantaine... mais il y a une multitude d'hybrides ! Chaque pseudobulbe porte une ou deux feuilles coriaces et les racines sont épaisses en général. La hampe florale part du haut du pseudobulbe de l'année, une fois celui-ci mature.

Cattleya forbesii

Cattleya loddigesii

Niveau de culture : • à •••
Certaines espèces (plus particulièrement parmi les *Cattleya*) et de nombreux hybrides sont faciles à maintenir et à faire refleurir, même sur le rebord lumineux d'une fenêtre. Ce n'est pas le cas de la majorité des *Laelia* bien moins conciliants.

Support et substrat : Culture en pot, même si des espèces de petite taille réussissent mieux sur support de liège (*C. aclandiae*, *C. luteola*, *C. schilleriana*... et de très nombreux *Laelia*). Bien drainer le fond du pot et utiliser un pot plus large que haut. Le substrat qui est le plus utilisé est celui du type « Ecorces de pin » car il est bien aéré. Si on a tendance à arroser peu ou si l'atmosphère est un peu sèche, y ajouter un peu de sphaigne en brins. Rempotage tous les deux ans lors du départ de nouvelles racines.

Humidité : Autour de 60 %. Elles acceptent une certaine sécheresse de l'air.

Températures : « Tempéré » à « Tempéré chaud ». Certains *Laelia* réclament plus de fraîcheur.

Période de repos : Toujours une période de repos nécessaire, mais plus ou moins marquée selon les espèces. Ainsi, une fois les pseudobulbes matures, il faut réduire les arrosages et apporter une bonne luminosité, avec de bons écarts de températures entre le jour et la nuit. Un respect de la photopériode est recommandé : en hiver, éclairer un peu moins de 12 heures par jour.
Les *Laelia* brésiliens lithophytes (espèces trapues à une seule feuille très coriace par pseudobulbe), et certains *Laelia* mexicains sont vraiment difficiles à maintenir en dehors d'une serre avec apport de lumière artificielle car ils demandent une période de repos très marquée avec une forte luminosité.

Eau arrosages et engrais : Eau non calcaire. Arrosages très réguliers en laissant légèrement sécher le substrat entre deux arrosages lors de la végétation et utiliser l'engrais à la dose normale (jusqu'à 600µS) une fois par quinzaine. Respecter impérativement la période de repos : les arrosages (avec une eau peu minéralisée, donc très peu d'engrais) seront réduits à un léger surfaçage du compost ou pulvérisation des pseudobulbes le matin.

Lumière : « Soleil partiel » pour la majorité des *Cattleya* et pour les *Laelia* brésiliens bifoliés, qui se cultivent en fait comme des *Cattleya*. Culture possible sous éclairage artificiel du type « fluo-compact » de 15 à 30 cm sous les tubes. Les autres réclament la « pleine lumière » avec un peu de soleil mais tamisé aux heures les plus chaudes.

Maladies : Plantes vraiment résistantes. Penser à rempoter pour éviter la pourriture des racines. Observer le dessous des feuilles et la base des pseudobulbes (sous les bractées desséchées) qui sont appréciés par les cochenilles... Les nouveaux pseudobulbes doivent être au moins aussi gros que les précédents, sinon, c'est qu'il y a un problème de culture...

Multiplication par l'amateur : Facile par division des touffes âgées (au minium 3 ou 4 pseudobulbes et une nouvelle pousse par éclat). Sinon, trois ou quatre arrières pseudobulbes vigoureux séparés lors du rempotage et mis dans un substrat avec écorces et sphaigne donneront assez facilement une nouvelle plante.

Quelques espèces : Il est préférable de commencer par quelques hybrides, puis de passer à des *Cattleya* botaniques faciles et *Laelia* brésiliens bifoliés. Les autres sont assez difficiles à faire fleurir sans une bonne installation. Cela peut sembler restreint et pourtant on aura l'embarras du choix ! Tous les hybrides sont possibles, penser néanmoins à ce que certains atteignent de grandes tailles et forment de très volumineuses potées. Fort heureusement, des hybrides « miniaturisés » existent grâce à l'apport génétique des *Sophronitis* en particulier (*Sophrolaeliocattleya, Sophrolaelia, Potinara*...). Enfin, les hybrides à grandes fleurs jaunes sont plus délicats à cultiver car ils sont issus des *Cattleya aurea* et *Cattleya dowiana* assez fragiles.

Pour les espèces botaniques, citons : *Cattleya aurantiaca* d'Amérique centrale généreux en fleurs orange de longue durée, *Cattleya forbesii* aux fleurs vert pale plus ou moins teinté de brun-pourpre, *Cattleya intermedia* aux fleurs très gracieuses, *Cattleya labiata* aux très grandes fleurs roses, *Cattleya skinneri* aux grappes denses de fleurs roses ou blanches... et par exemple *Laelia tenebrosa* aux pétales et sépales d'une riche couleur chocolat plus ou moins cuivrée et au labelle violet !

Laelia tenebrosa

Genre de culture similaire : Les *Encyclia*, *Prosthechea* mais aussi les *Bifrenaria* méritent une place de choix car se cultivent comme des *Cattleya*. On peut citer *Encyclia alata* parfumé, *Encyclia cordigera*, mais aussi *Prosthechea cochleata*... Quant aux *Brassavola*, *Rhyncholaelia* et *Schomburgkia*, ils exigent vraiment un très fort éclairement difficile à satisfaire en dehors d'une serre très bien exposée. Enfin, les *Sophronitis* aux fleurs éclatantes leur petite taille impose une culture sur plaque de liège.

Cattleya schilleriana

CATASETUM, CYCNOCHES, GALEANDRA, MORMODES ET GENRES VOISINS

Curieux à voir lors de la période de repos : gros pseudobulbes dénudés, serrés les uns contre les autres... puis exubérance de la croissance et de la floraison ! Les *Catasetum* ont des hampes florales très garnies avec des fleurs soit mâles soit femelles. Les fleurs mâles en général joliment colorées ont un système de catapultage des pollinies : si on effleure le labelle, les pollinies sont projetées sur plus d'un mètre, puis la fleur fane. *Cycnoches* et *Galeandra* sont d'une grande élégance ; quant aux *Mormodes*, leurs fleurs sont dissymétriques, de couleurs très vives et très parfumées (odeurs épicées et mentholées).

Cycnoches cooperi

Clowesia 'Rebecca Northen'

Niveau de culture : •••
Ces orchidées ne sont pas si difficiles à cultiver, mais demandent de la part de l'orchidophile de maîtriser totalement « la période de repos ». Il faut donc du doigté et toujours bien observer ses plantes. De plus, elles réclament un minimum d'installation (forts besoins lumineux).

Support et substrat : Culture en pot bien drainé au fond (par des tessons de pots de fleur pour stabiliser ces plantes aux hampes florales parfois très chargées). Substrat du type « Tourbe de coco » ou le mélange « Hollandais ». Les *Cycnoches* et *Mormodes* réussissent mieux en mélange du type « Sphaigne » sur le long terme... ce qui peut paraître étonnant, mais lors de la croissance, les besoins en eau sont très forts !

Humidité : Autour de 60 %. Bonne ventilation. Ces genres acceptent une certaine sécheresse de l'air.

Températures : « Tempéré » à « Tempéré chaud » selon les espèces.

Période de repos : Toujours une période de repos nécessaire et à respecter impérativement.

Eau, arrosages et engrais : Eau non calcaire. Arrosages très réguliers en laissant légèrement sécher le substrat entre deux arrosages lors de la végétation et utiliser l'engrais à la dose normale (jusqu'à 600µS) une fois sur deux. Certains utilisent des doses beaucoup plus fortes pour stimuler la croissance. Puis respecter impérativement la période de repos : les arrosages (avec une eau peu minéralisée donc très peu d'engrais) seront réduits à un très léger (vraiment très léger) surfaçage du compost ou pulvérisation des pseudobulbes le matin de temps en temps, si les pseudobulbes se rident un peu. Certaines espèces (particulièrement parmi les *Catasetum*) n'accepteront plus aucun arrosage ni pulvérisation d'eau sous peine de pourrir ! Il faudra alors maintenir une atmosphère pas trop sèche mais bien ventilée (60-70 % d'humidité) pour éviter une dessiccation. La période de repos peut durer chez certaines espèces presque 6 mois, chez d'autres à peine un mois...

Catasetum Orchidglade 'Jack of Diamonds' est une plante primé (AM/AOS).

Galeandra baueri

Catasetum fimbriatum

Mormodes lawrenceanum

Quand la nouvelle pousse apparaît (attention très sensible à la pourriture du cœur), il faut rempoter et couper les racines mortes. Les arrosages reprennent alors progressivement dès que des racines se forment. Pas de stress hydrique prolongé lors de la pleine croissance sous peine de provoquer un repos prématuré. Quand les feuilles jaunissent, diminuer les arrosages. Une fois les feuilles tombées, l'orchidée est en période de repos. Parfois, la période de repos est avortée...

Lumière : « Pleine lumière » indispensable pour beaucoup d'espèces. Seuls les tubes du type « fluo-compact » par exemple conviendront, à condition de positionner la plante assez près (15-20 cm environ). Les besoins lumineux des *Catasetum* de grande taille seront difficiles à satisfaire. *Cycnoches*, *Galeandra* et *Mormodes* sont moins exigeants vis-à-vis de l'éclairement.

Maladies : Plantes vigoureuses. Ne pas mettre d'eau dans le cœur des pousses. Les acariens parasites adorent le dessous de leur feuillage tendre...

Multiplication par l'amateur : Facile par division des touffes âgées (au minium 2 pseudobulbes et une nouvelle pousse par éclat). Sinon, un ou deux arrières pseudobulbes vigoureux séparés lors du rempotage et mis dans un substrat du type « Sphaigne » donneront assez facilement une nouvelle plante.

Quelques espèces : Côté *Catasetum*, l'hybride *Catasetum* Orchidglade « Jack of Diamonds » est magnifique avec ses grappes de fleurs de plus de 12 cm de diamètre... il pousse bien même sous lumières artificielles. *Catasetum pileatum*, *C. saccatum* et *C. tenebrosum* (fleurs presque noires) sont assez conciliants. Les très rares *Cycnoches cooperi* et *Cycnoches barthiorum* ont de splendides floraisons... mais sont avec les *Mormodes* assez délicats à maintenir sur le long terme. Les *Galeandra* aux fleurs en « trompette » tel *G. dives* et *G. stangeana*, sont eux, bien plus faciles à cultiver !

Genres de culture similaire : Les rares *Dressleria* et *Clowesia* se cultivent comme des *Catasetum*.

CHONDRORHYNCHA, KEFERSTEINIA ET GENRES VOISINS

Groupe qui avec d'autres genres proches, forme un ensemble à l'apparence et aux besoins assez homogènes. Réparties de l'Amérique centrale au nord de l'Amérique du sud, sympodiales mais sans pseudobulbes, les espèces de ce groupe portent de nombreuses feuilles en ruban, assez fines et des racines vigoureuses et épaisses. Les hampes florales qui émergent de la base des feuilles portent une seule fleur originale et la floraison est souvent continue tout au long de l'année. Si les deux genres cités sont de petite taille, mais forment rapidement de belles touffes, les genres *Bollea*, *Huntleya* et *Pescatorea* sont végétativement bien plus imposants.

Stenia vasquezii

Chondrorhynca anatona

Niveau de culture : ••
Culture possible sur le rebord d'une fenêtre ou sous tubes fluorescents dans un pièce fraîche. En général, un minimum d'installation est nécessaire pour le maintien d'une humidité bien ventilée.

Support et substrat : Culture en pot. Le substrat qui assure les besoins en eau de ces espèces qui supportent très mal la déshydratation, est le mélange du type « Sphaigne ». Le mélange à base de tourbe de coco donne aussi de bons résultats. Rempotage lors de l'émergence de nouvelles racines tous les ans ou deux ans.

Humidité : Autour de 70-80 %, mais toujours maintenir une bonne aération et ventilation car le cœur des pousses est sensible à la pourriture.

Températures : Climat « Tempéré » en général. Des nuits fraîches sont nécessaires (autour de 12-16 °C en hiver) pour maintenir ces espèces en bonne santé.

Période de repos : Aucun. La croissance est continue toute l'année. Certaines espèces ont besoin d'une période plus fraîche en hiver (Tempéré froid) avec donc une légère réduction des arrosages pour éviter de détremper le substrat.

Eau, arrosages et engrais : Eau non calcaire. Le substrat du type « sphaigne » ne doit jamais totalement sécher entre deux arrosages. Arroser une fois par semaine en général avec une eau peu minéralisée et une fois par quinzaine avec engrais pas trop fortement dosé (moitié de la dose conseillée, soit autour de 300-400µS).

Lumière : mi-ombre. Culture facile même sous tubes fluorescents (à 20 cm des tubes). Les espèces de grande taille réclament un éclairement légèrement plus fort.

Maladies : Espèces assez résistantes dans l'ensemble, si l'on veille à acheter des plantes saines, sans tâches foncées ou zones décolorées

Pescatorea lehmannii

sur les feuilles. Sensibles au manque d'aération et à l'eau dans les nouvelles pousses. Le dessous des feuilles est parfois colonisé par des acariens parasites.

Multiplication par l'amateur : Par division des touffes âgées.

Quelques espèces : Toutes les espèces méritent l'attention... le plus difficile sera parfois de les rencontrer à la vente. Les *Chondrorhyncha* tel *C.tolimensis* au labelle moucheté et qui fleurit toute l'année, sont les plus conciliants. *Kefersteinia parvilabris* au labelle assez petit pour le genre est très florifère aussi. Les *Bollea* sont exceptionnels par la couleur bleutée de leurs fleurs... *Pescatorea lehmanii* quant à lui présente un curieux labelle velu... Les *Cochleantes* ont des floraisons très gracieuses tels *Cochleantes amazonica* et *C.discolor*...

Genres de culture similaire : Les *Ackermania* (assez difficiles à cultiver), *Chaubardia*, *Chaubardiella*, *Huntleya* et *Stenia* ont des exigences similaires. Les *Zygosepalum* et *Acacallis* absolument magnifiques et qui ont des pseudobulbes et un long rhizome, se cultivent de la même manière, mais dans une barquette garnie du mélange à base de sphaigne ; ils exigent une attention régulière car ils sont vraiment très fragiles.

Cochleanthes amazonica

Cymbidium insigne

CYMBIDIUM

Un « best seller » parmi les orchidées... des milliers d'hybrides, des potées aux longues feuilles en ruban, hampes couvertes de grandes fleurs charnues et de longue durée même une fois coupées et mises en vase... On en oublierait les charmantes espèces botaniques : une cinquantaine d'espèces sympodiales, souvent terrestres, réparties des zones froides de l'Himalaya jusqu'aux régions chaudes de l'Australie... Ainsi *Cymbidium ensifolium* qui a une large répartition géographique, est un motif majeur d'inspiration dans l'art pictural chinois pour ses feuilles longues et rubanées et ses fleurs très élégantes.

Niveau de culture : •
Culture facile sur le rebord lumineux d'une fenêtre d'une pièce peu ou pas chauffée. Orchidées idéales pour une serre froide de balcon. La floraison en culture exclusivement sous lumières artificielles est difficile à obtenir.
Support et substrat : Culture en pot. On utilise en général le substrat du type « Tourbe de coco » ou le mélange « type « Hollandais » ou celui tout préparé vendu en jardinerie. Rempotage tous les deux ans.
Humidité : Autour de 60 %.
Températures : « Tempéré froid » pour la majorité des espèces et hybrides. Pour fleurir, ces *Cymbidium* demandent de forts écarts de température entre le jour et la nuit, particulièrement en fin d'été et automne (d'une bonne quinzaine de degrés) : pour assurer de tels besoins, il suffit de sortir au jardin ou au balcon ses potées de *Cymbidium* du début mai à la fin octobre (en région parisienne). Certaines espèces d'Australie ou de basse altitude réclament des conditions plus chaudes.
Période de repos : Une fois les pseudobulbes matures (fin d'été), la croissance s'arrête. De la fraîcheur est alors indispensable et il faut réduire les arrosages. Quand la hampe florale se forme, de la fraîcheur est toujours nécessaire pour éviter qu'elle n'avorte. Une fois en fleur, le *Cymbidium* accepte une atmosphère plus chaude.
Eau, arrosages et engrais : Eau non calcaire. Plantes très gourmandes, surtout lors de la croissance des pseudobulbes. Arrosages réguliers, en laissant un peu sécher la motte entre deux arrosages, avec une eau enrichie en engrais (dose normale) une fois sur deux. Certains utilisent des doses plus fortes (jusqu'à 1 200µS). Il peut être utile de mélanger au substrat un amendement (poudre de corne ou de sang séché ou d'algues...). Une fois la plante en repos, réduire les quantités d'engrais et il peut être utile d'utiliser un engrais du type « floraison » lors de l'émergence de la hampe.

Cymbidium erythrostylum

Lumière : « Pleine lumière ».
Certaines espèces à feuilles très coriaces aiment même le plein soleil. Il est difficile de cultiver des *Cymbidium* entièrement sous lumières artificielles car les lampes à utiliser (HPS et MH) apporteraient trop de chaleur (du moins en local confiné) pour pouvoir induire une floraison. On peut néanmoins tenter des espèces de taille compacte tel *C. devonianum* sous tubes du type « fluo-compact ».
Maladies : Espèces et hybrides vraiment très résistants.
Multiplication par l'amateur :
Par division des touffes âgées. Multiplication possible aussi par des arrières pseudobulbes mis en sphaigne humide.
Quelques espèces : Préférer les nouveaux hybrides compacts, ils sont moins encombrants ! Quant aux botaniques, le C. *tracyanum* est très racé (grande fleur jaune rayée de marron), mais les plantes adultes sont énormes... C. *erythrostylum*, *C. tigrinum*, *C. goeringii* et C. *devonianum* sont bien plus petits et très décoratifs.

Cymbidium 'Samares'

Coelogyne usitana

COELOGYNE

Plus de 180 espèces réparties de l'Asie tropicale et subtropicale et dans certaines îles du pacifique. Des fleurs fort décoratives et une hampe qui apparaît soit du haut du pseudobulbe, soit de sa base. Les fleurs sont généralement blanches, ocres, d'un brun parfois presque noir ou d'un vert pale. Le labelle, très particulier avec ses marbrures jaunes ou marron, est garni de poils ou de protubérances...

Végétativement de tailles variables selon les espèces, les *Coelogyne* sont toujours très florifères et sont donc appréciés par les orchidophiles.

Dendrochilum warrenii

Coelogyne speciosa salmonicolor

Niveau de culture : • Culture facile même sur le rebord lumineux d'une fenêtre d'une pièce fraîche. Orchidées idéales pour une serre de balcon. Culture sous lumières artificielles possible pour de nombreuses espèces.
Support et substrat : Culture en pot plus large que haut, ou en barquette pour les espèces avec de longs rhizomes. On utilise en général un substrat traditionnel du type « Ecorces de pin » avec un peu de sphaigne. Celui du type « Tourbe de coco » ou le mélange « Hollandais » est utilisable aussi.
Humidité : Autour de 60 %.
Températures : « Tempéré » à « Tempéré chaud » pour la majorité des espèces et hybrides avec de bons écarts de températures entre le jour et la nuit. Quelques espèces himalayennes réclament plus de fraîcheur, tel le somptueux *Coelogyne cristata*, et fleuriront seulement si elles reçoivent leur dose de fraîcheur : un séjour sur le balcon ou au jardin, comme les *Cymbidium*, de mai à octobre, mais en situation ombragée, est parfait.
Période de repos : Léger repos quand les pseudobulbes sont arrivés à maturité. Réduire les arrosages et la dose d'engrais, mais sans déshydrater la plante. Apporter plus de fraîcheur nocturne et de bons écarts de températures entre le jour et la nuit.
Eau, arrosages et engrais : Eau non calcaire. Arrosages réguliers, en laissant un peu sécher la motte entre deux arrosages, avec une eau enrichie en engrais (dose normale) une fois sur deux ou trois, lors de la croissance.
Lumière : « mi-ombre claire ». Pas de soleil direct.
Maladies : Plantes résistantes
Multiplication par l'amateur : Par division des touffes. Multiplication possible aussi par des arrières pseudobulbes mis en sphaigne humide.
Quelques espèces : S'il est possible

Coelogyne cristata

d'apporter la fraîcheur requise, on pourra accueillir le *Coelogyne cristata* aux grappes de fleurs blanches à cœur jaune. *Coelogyne dayana* et C. *massangeana* aux hampes pendantes de plus de 50 cm garnies de dizaines de fleurs ocre réclament plus de chaleur et un éclairement un peu plus fort. Sous lumières artificielles et conditions « Tempérées chaudes » C. *speciosa*, C. *fimbriata*, C. *lawrenceana* et C. *usitana* fleuriront sans problème.

Genres de culture similaire : Les *Dendrochilum* dont les hampes pendantes garnies d'une multitude de petites fleurs élégantes, sortent du cœur des nouvelles pousses... Mais aussi les *Panisea*, *Pholidota* et *Chelonistele*.

Coelogyne massangeana

Dendrobium wardianum

DENDROBIUM

Au moins 1 200 espèces en Asie tropicale et subtropicale, dans les îles du pacifique et en Australie et Nouvelle Zélande… Genre de la diversité ! Un peu comme pour les *Bulbophyllum*, mais ici, les besoins à respecter en culture sont si variables d'une espèce à l'autre qu'il est bien difficile de donner des conseils généraux. Il faudra donc bien se renseigner sur les besoins de l'espèce convoitée et s'assurer que les conditions offertes par son installation conviennent. En effet, les *Dendrobium* sont exigeants et pousseront fort mal, ou ne fleuriront jamais, si un des facteurs indispensables n'est pas satisfait. Une fois dans de bonnes conditions, ce sont des orchidées très belles, souvent extrêmement florifères et vigoureuses !

Dendrobium atroviolaceum

Dendrobium victoriae-reginae

Niveau de culture : • à ••• selon les espèces.

Support et substrat : Les espèces de grande taille sont en général mises en petit pot plus large que haut avec un substrat bien aéré du type « Ecorce de pin » avec parfois un peu de sphaigne. Rempoter régulièrement (tous les deux ans). Les autres espèces réussissent mieux sur support de liège, car les racines aiment sécher entre deux arrosages et être en contact avec l'air. De plus, le port des pseudobulbes est souvent plus ou moins pendant. Mettre peu de sphaigne entre les racines.

Humidité : Autour de 70 %. Excellente ventilation indispensable.

Températures : Très variable selon les espèces, mais en général de « Tempéré » à « Tempéré chaud ». Certaines espèces australiennes et de l'Himalaya sont à cultiver strictement en serre froide.

Période de repos : En général présente.

Eau, arrosages et engrais : Eau non calcaire. Arrosages réguliers, en laissant sécher la motte entre deux arrosages, mais sans jamais faire subir de stress hydrique lors de la croissance active pour que les nouveaux pseudobulbes soient vigoureux, gage d'une bonne floraison. Eau enrichie en engrais (dose normale) une fois sur deux, lors de la croissance. Réduire franchement les arrosages si une période de repos est nécessaire, et parfois les suspendre totalement et se contenter de maintenir une humidité ambiante suffisante et bien ventilée avec quelques menues vaporisations. Pour les espèces avec période de repos, lors de la floraison, il faut reprendre légèrement les arrosages (surfaçage). Ils ne doivent devenir plus copieux que lorsque la nouvelle pousse produit sa couronne de racines. Les espèces à croissance continue demandent des arrosages réguliers tout au long de l'année.

Dendrobium sulawesii

Dendrobium hybride entre espèces *Nigrohirsute*

Dendrobium dichaeoides

Epigeneium rubrum

Lumière : Variable selon les espèces, mais en général « soleil partiel » et parfois « mi-ombre ».

Maladies : Plantes résistantes, mais qui demandent une attention régulière en particulier pour respecter les périodes de repos, pas toujours simples...

Multiplication par l'amateur : Division des touffes âgées. Des keikis apparaissent souvent sur les pseudobulbes des espèces à feuilles caduques.

Quelques espèces : En serre de balcon « Tempérée froide », D. *nobile*, D. *kingianum*, *D. speciosum* seront parfaits ; en conditions « Tempérées » avec une bonne luminosité, on aura vraiment l'embarras du choix. La culture sur le rebord d'une fenêtre n'est pas envisageable sur le long terme. En revanche, dans un local équipé (lumières artificielles, humidificateur, ventilateur...), de nombreuses espèces peuvent être tentées en évitant : les espèces de grande taille, difficiles à éclairer d'une manière homogène, celles qui ne correspondent pas aux conditions de températures et d'éclairement fournis, celles qui ont besoin d'une longue période de repos au froid avec une très forte luminosité... Un choix restreint ? Non ! On peut ainsi accueillir le très décoratif et résistant D. *tetragonum giganteum* (sur support de liège, tempéré chaud, pas de période de repos marquée), de nombreux *Dendrobium* du groupe Nigrohirsute tels *D. bellatullum D. scabrilingue, D. cruentum, D. longicornu, D. tobaense*, sur support de liège (conditions tempérées chaudes, période repos peu marquée, nouvelle pousse très fragile) ou D. *dearei* et D. *draconis* plus conciliants. Mais aussi des espèces du groupe Latouria de Nlle-Guinée tels D. *engae* très parfumé, *D. atroviolaceum D. forbesii, D. johnsoniae, D. polysema, D. eximium*... cultivés en pot, en conditions « Tempérées chaudes » avec une bonne luminosité et une période de repos pas trop marquée... *Dendrobium antennatum* avec ses deux « cornes de gazelle » est un hôte de choix (Minimum nocturne de 14 °C).

Genres de culture similaire : Les *Epigeneium* et de nombreux *Eria*.

Lycaste schilleriana

LYCASTE, IDA ET ANGULOA

Lycaste, *Ida* et *Anguloa* forment un groupe d'orchidées sympodiales d'Amérique du sud et centrale (du Mexique au Pérou et Guyanes) avec environ 70 espèces. Les *Lycaste* ont des fleurs triangulaires en général dans les tons jaunes, beiges, mais aussi blancs, roses... *Ida* est un genre nouveau qui regroupe en fait certaines plantes qui appartenaient au genre *Lycaste* et qui ont des fleurs blanchâtres à vertes.

Peu d'espèces donc, mais des orchidées exceptionnelles par leur robustesse en culture, par la grande taille des fleurs et par la multitude de hampes florales (portant toujours une seule fleur) produites : il n'est pas rare de contempler des pieds littéralement couverts de fleurs vivement colorées.

Niveau de culture : •
Culture aisée sous lumières artificielles et même sur le rebord d'une fenêtre lumineuse.

Support et substrat : Culture exclusivement en pot, sauf pour *Ida dyeriana* dont le port pendant demande une culture sur plaque de liège ou panier suspendu. Le substrat qui réussit le mieux est celui à base de sphaigne (mélangé à de la perlite et charbon de bois) car ces plantes ont de forts besoins en eau pour leur croissance très rapide. Le substrat à base de « tourbe de coco » réussit aussi fort bien. Celui à base d'écorces de pin et un peu de sphaigne est utilisable aussi.

Humidité : Autour de 60 %. Elles acceptent une certaine sécheresse de l'air.

Températures : Beaucoup d'espèces et les hybrides sont du type « Tempéré » à « Tempéré chaud », cependant certaines montagnardes réclament des températures plus fraîches en particulier durant la période de repos (en hiver).

Période de repos : Toujours une période de repos nécessaire, mais plus ou moins forte selon les espèces. Les Lycaste à fleurs jaunes et qui perdent totalement leurs feuilles réclament une stricte période de repos de quelques mois sans arrosages, avec une bonne luminosité et de la fraîcheur. Dès le départ de végétation (qui coïncide avec la floraison printanière) reprendre progressivement les arrosages. Les *Ida* et *Anguloa* demandent en général aussi un repos mais plus léger, sans laisser totalement sécher le substrat, mais avec impérativement de la fraîcheur nocturne (10-12 °C) et une bonne luminosité. Enfin, de nombreux *Lycaste* qui ne perdent pas leurs feuilles ont en fait un repos très léger : réduire les arrosages (rythme et quantité, et sans engrais), apporter plus de fraîcheur... Rempotage tous les ans ou deux ans, lors de la formation des nouvelles racines (printemps en général).

Eau, arrosages et engrais : Eau non calcaire. Arrosages très réguliers sans totalement laisser sécher le substrat lors de la végétation et utiliser l'engrais à la dose normale (jusqu'à 600µS) avec un rinçage du

Lycaste 'Koolena'

Lycaste tricolor

substrat (eau peu minéralisée sans engrais) de temps en temps. Respecter impérativement la période de repos si nécessaire.
Lumière : Les *Lycaste* qui ne perdent pas totalement leurs feuilles ont besoin d'une bonne luminosité mais sans excès (mi-ombre claire) : leur culture réussit fort bien même sous tubes fluorescents par exemple. En revanche, les *Lycastes* à feuilles caduques et à fleurs jaunes ont besoin d'une excellente luminosité (soleil partiel). C'est le cas aussi de certains *Ida* et les *Anguloa*... particulièrement lors du repos.
Maladies : Plantes vraiment résistantes. Ne pas mettre de l'eau dans le cœur de la nouvelle pousse très sensible à la pourriture et respecter la période de repos. Le dessous des feuilles attire beaucoup les acariens du type « araignées rouges » ; de la vigilance donc.
Multiplication par l'amateur : Facile par division des touffes âgées. Sinon, un arrière pseudobulbe vigoureux séparé lors du rempotage et mis en sphaigne humide donnera facilement une nouvelle plante parfois apte à fleurir après 2 années.
Quelques espèces : Les plus simples à cultiver même sous lumières artificielles ou sur le rebord d'une fenêtre restent les *Lycaste* qui ne perdent pas totalement leurs feuilles ; on peut citer *Lycaste lassioglossa* au curieux labelle jaune très velu, *Lycaste tricolor* assez rare mais aux jolies fleurs dans les tons roses, *Lycaste schilleriana* qui une espèce très rare et pourtant aux fleurs exceptionnelles de plus de 20 cm de large ! Et un faible pour le superbe *Lycaste skinneri* aux grandes fleurs charnues blanches ou roses... Pour les *Ida*, l'un des plus conciliants est *Ida cobbiana* aussi connue sous le nom de *Lycaste trifoliata*... Les *Anguloa* sont en général de très grande taille (feuilles parfois d'un mètre de hauteur...) et plus simples à cultiver en serre. En serre de balcon lumineuse, on peut tenter les *Lycaste* à fleurs jaunes tel L. *aromatica* au parfum absolument extraordinaire de cannelle !

Anguloa ruckeri

Masdevallia manoloi

MASDEVALLIA, DRACULA, RESTREPIA ET GENRES VOISINS

Si les *Dendrobium* et *Bulbophyllum* sont des genres de la diversité, le groupe des *Pleurothallidinae* d'Amérique centrale et surtout du sud, qui est subdivisé en de très nombreux genres proches tels les célèbres *Dracula* (120 espèces) et *Masdevallia* (540 espèces), mais aussi les *Restrepia, Dryadella, Stelis* (bien plus de 500sp.), *Trisetella, Pleurothallis* (plus de 1200sp., genre en cours de révision et qui sera découpé en nouveaux genres), *Lepanthes* (près de 1000sp.), *Barbosella, Myoxanthus, Octomeria, Platystele, Porroglossum, Scaphosepalum, Zootrophion...* donc 4 000 à 5 000 espèces différentes (on en découvre de nouvelles fort souvent encore...), c'est-à-dire près du cinquième des orchidées ! Ce groupe est donc un digne exemple de la biodiversité ! Et pourtant, elles sont si peu cultivées en France. Il est vrai que la majorité provient d'altitudes comprises entre 1 000 et 3 000 M. dans les Andes tropicales et subtropicales, et ces espèces demandent donc des températures fraîches...

Masdevallia decumana

Niveau de culture : •• à •••
Excellents résultats sous lumières artificielles.

Support et substrat : Culture en pot. Le substrat qui assure les besoins en eau de ces espèces qui supportent très mal la déshydratation, est le mélange du type « Sphaigne ». Utiliser de petits pots en plastique et rempoter tous les ans. Les *Dracula* seront mis en pot ajouré et suspendu pour permettre aux hampes pendantes d'émerger...

Humidité : Autour de 70-80 %, mais maintenir toujours une excellente aération et ventilation car les feuilles sont très sensibles aux maladies fongiques. Un brouillard artificiel (avec une bonne ventilation) favorise la croissance de ces plantes et permet en été d'abaisser de quelques degrés la température. Un local fermé devra être équipé d'un extracteur d'air.

Températures : Climat « Tempéré » pour la moitié des espèces. Quelques espèces sont de climat plus chaud, tandis que les autres sont du type « Tempéré froid ». Des nuits fraîches sont indispensables (autour de 10-14 °C en hiver) avec un bon écart entre le jour et la nuit (journées autour de 16-20 °C) pour maintenir ces espèces en bonne santé. En été il faut éviter de dépasser les 28-30 °C sur plus de quelques jours et en cas de fortes chaleurs, maintenir absolument des nuits plus fraîches. Un système de « brouillard artificiel » avec ventilation et hygrostat ou une climatisation peut s'avérer nécessaire.

Période de repos : Aucun. La croissance est continue toute l'année. Certaines espèces de haute altitude (Paramô andin) tels *Masdevallia ignea, Masdevallia venusta, M. coccinea...* certes peu nombreuses mais superbes, ont besoin d'une période encore plus

Dracula gorgona

fraîche en hiver (nuits autour de 6-10 °C, jours autour de 12-16 °C) avec une luminosité plus forte (soleil partiel).

Eau, arrosages et engrais : Eau non calcaire. Le substrat du type « sphaigne » ne doit jamais totalement sécher entre deux arrosages. Arroser une fois par semaine en général (parfois deux ou trois fois en été) avec une eau peu minéralisée avec peu d'engrais (100-200µS) et une fois par quinzaine avec un peu plus d'engrais (autour de 200 à 400µS) si les plantes sont en croissance active.

Lumière : « mi-ombre » et parfois « ombre ». 4000 à 7000Lux suffisent. Culture même sous tubes fluorescents (à 30-40 cm des tubes). Les espèces de grande taille et du Paramó réclament un éclairement légèrement plus fort (tubes type « fluo-compact »).

Maladies : Espèces assez résistantes dans l'ensemble tant qu'on ne leur fait pas subir de véritable canicule. Veiller à acheter des plantes saines, sans tâches foncées ou zones décolorées sur les feuilles. Sensibles au manque d'aération. Un traitement préventif au Manèbe (pulvérisations) avant l'été est conseillé.

Multiplication par l'amateur : Par division des touffes âgées. Conserver au moins six à dix feuilles et au moins une nouvelle pousse par éclat. Rempotages et divisions sont à effectuer de l'automne au début de printemps. Bien désinfecter l'outil tranchant entre chaque utilisation.

Quelques espèces : Toutes les espèces méritent l'attention... le plus difficile sera parfois de les rencontrer à la vente. Les *Restrepia* aux fleurs à l'apparence d'insecte sont les plus faciles à maintenir car résistent assez bien à la chaleur et ont une floraison continue : on peut conseiller *R. purpurata*, *R. contorta* (*R. maculata*), *R. condorensis*... Parmi les *Masdevallia*, difficile de faire un choix. *Masdevallia kuhniorum* et M. *infracta* sont conciliants, M. *decumana* est une orchidée miniature aux fleurs énormes (des feuilles de 4 cm pour des fleurs de 10 à 14 cm), M. *pinocchio* aux fleurs grotesques fleurit toute l'année, M. *glandulosa* est très parfumé... Les *Dracula* sont plus délicats. D. *vampira* est une splendeur du monde végétal.

Genres de culture similaire : Les *Dryadella* sont faciles à cultiver. La culture des *Lepanthes* parmi lesquels figurent des miniatures est plus complexe : *Lepanthes telipogoniflora* possède quelques feuilles de 5 mm de diamètre pour des fleurs orange de 2 cm ! Beaucoup de *Pleurothallis* sont très vigoureux.

Masdevallia venusta

MAXILLARIA

Genre peu cultivé à part quelques espèces, et pourtant plus de 650 espèces réparties en Amérique centrale et du sud, dans des milieux très variés. Les hampes ne portent qu'une seule fleur triangulaire mais sont produites souvent à profusion. Les *Maxillaria* sont donc très florifères et il n'est pas rare de contempler un spécimen couvert de fleurs vivement colorées et parfois parfumées...

Maxillaria cucullata

Niveau de culture : •• à ••• selon les espèces

Notes et conseils de culture : Les *Maxillaria* des zones montagneuses des Andes à racines très fines et à pseudobulbes plus ou moins réduits se cultivent comme des *Odontoglossum* (Substrat type « Sphaigne », conditions Tempérées sans période de repos et mi-ombre). Ils réclament cependant plus de soins et une excellente ventilation car les nouvelles pousses et les boutons floraux pourrissent facilement, mais ces orchidées peu cultivées sont parmi les plus belles espèces ! Les fleurs sont très grandes (souvent plus de 10 cm) et très colorées. On peut citer les rares *Maxillaria striata*, et *Maxillaria grandiflora*, mais aussi *Maxillaria sanderiana* qui doit être cultivé en panier ajouré (hampe uniflore plus ou moins pendante). Ces espèces peuvent être cultivées sous tubes fluorescents.

En revanche, la majorité des *Maxillaria* à pseudobulbes et feuilles plus rigides et à racines épaisses tels que les vigoureux *Maxillaria picta*, *M. tenuifolia* (fleurs rouges au parfum de noix de coco), M. *cucullata*, *M. rufescens* (parfum de vanille) se cultivent comme des *Cattleya*. Ces espèces ont du mal à fleurir sous lumières artificielles car elles semblent assez exigeantes sur la qualité du spectre fourni. Les tubes du type « fluo-compact » sont à essayer. On a de meilleurs résultats en lumière naturelle (serre de balcon).

Les espèces de petite taille (comme M. *variabilis*, *M. juergensis*...) sont à cultiver sur plaque de liège. Enfin, il faut éviter les espèces qui forment de longs stolons, car elles prennent beaucoup d'espace et ont un port plus ou moins grimpant !

Maxillaria striata

« MILTONIA », MILTONIOPSIS, ODONTOGLOSSUM ET GENRES VOISINS

Des espèces gracieuses de l'Amérique du sud tropicale, généralement en zone montagneuse (forêts de brouillard) L'orchidée pensée appelée « Miltonia » est en fait un hybride de *Miltoniopsis*. Les *Odontoglossum* et les très nombreux hybrides (*Vuylstekeara, Wilsonara, Ondontioda, Odontocidium, Odontonia*...) sont florifères et présentent des grappes généreuses de fleurs colorées.

Miltoniopsis hybride

Niveau de culture : • à ••
Culture possible pour les hybrides sur le rebord d'une fenêtre bien exposée mais sans soleil direct et dans une pièce fraîche ou sous tubes fluorescents. En général, un minimum d'installation est nécessaire pour le maintien d'une humidité bien ventilée.

Support et substrat : Culture en pot. Le substrat qui assure les besoins en eau de ces espèces qui supportent mal une déshydratation prolongée, est le mélange du type « Sphaigne ». Le mélange « Ecorce de pin » avec sphaigne donne aussi de bons résultats. Rempotage lors de l'émergence de nouvelles racines tous les ans ou deux ans.

Humidité : Autour de 70-80 %, mais toujours maintenir une bonne aération et ventilation car le cœur des pousses est sensible à la pourriture.

Températures : Climat « Tempéré » à « Tempéré froid » en général. Des nuits fraîches sont indispensables (autour de 10-14 °C en hiver) pour maintenir ces espèces en bonne santé.

Période de repos : Période de repos peu marquée. La croissance est presque continue toute l'année. Quand les pseudobulbes sont arrivés à maturité, la croissance s'interrompt et les arrosages seront réduits (quantité et fréquence) avec davantage de fraîcheur pour stimuler la floraison.

Eau, arrosages et engrais : Eau non calcaire. Eau peu minéralisée et une fois sur deux ou trois avec engrais pas trop fortement dosé (mi-dose conseillée, environ 400µS).

Lumière : « mi-ombre claire ». Culture possible sous tubes fluorescents (à 20 cm des tubes).

Maladies : Espèces assez résistantes dans l'ensemble, si l'on veille à acheter des plantes saines. Sensibles au manque d'aération et à l'eau dans les nouvelles pousses. Parfois, attaques d'acariens sur le dessous des feuilles.

Multiplication par l'amateur : Par division des touffes âgées.

Quelques espèces : Les « Miltonia » de jardinerie sont très séduisants mais difficiles (très) à cultiver (serre froide avec brouillard artificiel). Les vrais *Miltoniopsis* souvent parfumés sont bien plus conciliants. Les *Odontoglossum* sont magnifiques tels O. *crispum*, *O. cirrhosum*, *O. harryanum* et *wyattianum*... si vous pouvez leur offrir de la fraîcheur. Les hybrides, plus résistants, tels le *Beallara* 'Tahoma Glacier' les *Vuylstekeara* aux fleurs rouges... permettent de se familiariser avec leur culture. Les *Odontocidium* supportent mieux la chaleur.

Genres de culture similaire : *Cochlioda, Cyrtochilum, Lemboglossum, Rossioglossum.*

Odontioda 'Ingmar'

Odontoglossum cirrhosum

Oncidium lanceanum

ONCIDIUM

À l'origine plus de 750 espèces d'Amérique tropicale et subtropicale, en général à fleurs jaunes plus ou moins marquées de taches brunes, mais depuis ce genre a été révisé et la moitié des espèces a été placée dans des genres nouveaux... Quoi qu'il en soit, la floraison fait souvent penser à un essaim d'abeilles... Devant la diversité des habitats occupés il est bien difficile de donner des conseils généraux de culture...

Oncidium eurycline

Oncidium onustum

Niveau de culture : • à ••
Culture possible pour de nombreuses espèces et hybrides en appartement.
Notes et conseils de culture :
Les espèces de haute altitude des forêts de brouillard et Paramo se cultivent comme les *Odontoglossum* (*Oncidium aureum, O. cucullatum* aux fleurs roses plus ou moins violacées, O. *phalaenopsis, O. forbesii*...).
Les espèces à grandes feuilles très coriaces (dits à « oreille de mule ») et à hampes florales très fournies en général de plus de 2 m, ont besoin d'une forte luminosité, se cultiveront comme des *Cattleya* ou *Laelia* et sont déconseillées pour une culture sous lumières artificielles.
Les espèces de petite taille ne peuvent être cultivées que sur support de liège. Certaines espèces à feuilles rigides comme *Oncidium eurycline, Oncidium creosus* et *Oncidium onustum* poussent et fleurissent bien sous lumières artificielles (lumière vive, donc à 5-10 cm sous les tubes fluorescents par exemple) en conditions du type « Tempéré chaud » avec des arrosages réguliers mais en laissant absolument sécher les racines avant le soir et avec une période de repos plus ou moins marquée.
D'autres espèces, à pseudobulbes coniques et feuilles plus tendres tels que *Oncidium waluewa* et *Baptistonia echinata* sont à cultiver aussi sur support de liège car ont des hampes florales pendantes très fournies (il n'est pas rare de compter plus de 200 fleurs sur un pied). Ils réclament aussi des conditions du type « Tempéré chaud », mais avec une lumière moins vive (mi-ombre) et ont une période de repos parfois absente ou peu marquée.
Enfin les hybrides du type *Oncidium* « Bijou » souvent proposés à la vente, sont faciles à cultiver en pot, même sur le rebord d'une fenêtre lumineuse mais sans soleil direct. Ils réclament un substrat du type « Ecorces de pin » avec un peu de sphaigne, des conditions type « Tempéré chaud », une bonne luminosité (« mi-ombre claire » à « soleil partiel »), des arrosages réguliers avec engrais une fois sur deux ou trois à la dose normale durant la croissance, en laissant légèrement sécher le substrat entre deux arrosages, et une petite période de repos après maturation des pseudobulbes (un peu plus de fraîcheur nocturne et une réduction des arrosages). Pensez à les rempoter une fois tous les deux ans.

PAPHINIA

Une dizaine d'espèces seulement, du nord de l'Amérique du sud, mais des fleurs extraordinaires... Quelques pseudobulbes gros comme de petites noix produisent une hampe garnie de fleurs étoilées souvent dans les tons rouges et de plus d'une dizaine de centimètres de diamètre... *Paphinia cristata* est présent en Guyane française. De plus, ces orchidées poussent et fleurissent très bien sous lumières artificielles ! Certes les fleurs sont de courte durée (5 jours), mais il y a plusieurs floraisons par an.

Paphinia cristata

Niveau de culture : ••
Excellents résultats sous tubes fluorescents (à 20-30 cm dessous).
Support et substrat Culture en petit pot plus large que haut. Lors de la floraison, surélever le pot pour laisser s'épanouir la hampe pendante. On peut utiliser un substrat traditionnel du type « Ecorces de pin » avec un peu de sphaigne, mais celui du type « Tourbe de coco » donne de meilleurs résultats. Le substrat du type « Sphaigne » est utilisable aussi si l'atmosphère est un peu trop sèche.
Humidité : Autour de 70 %. Bonne ventilation.
Températures : « Tempéré chaud »
Période de repos : Pas de période de repos. Quelques espèces, une fois le pseudobulbe mature et la floraison terminée, peuvent parfois entamer une courte période d'arrêt de végétation durant laquelle les arrosages seront légèrement réduits.
Eau, arrosages et engrais : Eau non calcaire. Arrosages réguliers, en laissant un peu sécher la motte entre deux arrosages, mais sans jamais faire subir de stress hydrique. Une eau enrichie légèrement en engrais (moitié dose normale soit 300µS) une fois sur deux ou trois, lors de la croissance et floraison.
Lumière : « ombre » à « mi-ombre ». Jamais de soleil direct. Ce sont des plantes de sous-bois qui poussent souvent à la base des troncs moussus.
Maladies : Plantes résistantes aux maladies, mais qui demandent une attention régulière. La nouvelle pousse est très sensible à l'eau dans son cœur
Multiplication par l'amateur : Par division des touffes vraiment âgées.
Quelques espèces : Toutes les espèces sont belles... *Paphinia cristata* est d'un rouge franc. *Paphinia herrerae* exhibe ce très grosses fleurs (15-16 cm n'est pas rare). Un hybride entre les deux espèces citées existe : il est à conseiller pour débuter car très vigoureux.
Genres de culture similaire :
Sievekingia, plutôt en pot ajouré ou sur liège avec sphaigne pour laisser la hampe pendre.

Paphinia herrerae

Paphiopedilum hirsutissimum

PAPHIOPEDILUM ET PHRAGMIPEDIUM

Les sabots de vénus se reconnaissent du premier coup d'oeil à l'aspect du labelle en forme de sabot. Ce sont des plantes très majoritairement terrestres.

Les *Paphiopedilum* (77 espèces) sont présents dans le sud de la Chine et sud-est asiatique, tandis que les *Phragmipedium* (22 espèces) en Amérique tropicale. De très nombreux hybrides existent et sont parfaits pour débuter.

Paphiopedilum venustum

Paphiopedilum micranthum

Niveau de culture : • à •••
Culture des hybrides et espèces résistantes possibles sur le rebord d'une fenêtre mais sans soleil direct. Bons résultats sous tubes fluorescents.

Support et substrat : Toujours en pot bien drainé. Le choix du substrat est primordial et dépend beaucoup des conditions de culture. Un classique : écorces de pin (excellente qualité) de granulométrie moyenne mais jamais pur, y ajouter un peu de charbon de bois et de la perlite (10 % environ). L'ajout de sphaigne n'est pas recommandé. Il faut toujours ajouter, quel que soit le substrat choisi, une cuillère à soupe de poudre de dolomie ou de coquilles d'huître pour 5 l. Le mélange « Hollandais » tamisé et enrichi de morceaux de charbon de bois et en dolomie donne d'excellents résultats pour l'enracinement. Une des clés du succès : rempoter une fois par an (fin d'hiver, début de printemps).

Humidité : Autour de 60-70 % avec une bonne aération.

Températures : En général « Tempéré chaud » et des écarts de températures entre le jour et la nuit sont indispensables. Quelques espèces chinoises ou de zones montagneuses réclament plus de fraîcheur (type « Tempéré »).

Période de repos : Aucune. Certaines espèces du type « Tempéré » réclament une période fraîche en hiver (*Paphiopedilum armeniacum*, *P. micranthum*, *P. malipoense*...), avec une réduction des arrosages mais sans laisser totalement sécher le substrat.

Eau, arrosages et engrais : Eau calcaire (moyennement dure) utilisable de temps en temps, mais sans engrais et pour dépanner ou rincer le substrat. Sinon, eau peu minéralisée avec engrais équilibré (avec calcium et magnésium) pas trop fortement dosé (200µS) à tous les arrosages ou à la dose normale (autour de 400µS) une fois sur deux ou trois. Laisser sécher légèrement la motte entre deux arrosages, mais jamais totalement.

Lumière : « mi-ombre » (mais pas à l'ombre). Jamais de soleil direct. Un peu plus de lumière en automne favorise la floraison.

Maladies : Plantes résistantes vis à vis des parasites. Veiller à avoir un substrat de bonne qualité, la pourriture des racines étant la principale cause de perte de ces plantes.

Paphiopedilum sukhakulii

Paphiopedilum henryanum

Phragmipedium schlimii

Phragmipedium besseae

Multiplication par l'amateur : Par division des touffes vraiment âgées.

Quelques espèces : Les hybrides à feuilles mouchetées tel Paphiopedilum 'Maudiae' (élégante fleur verte) mais aussi les hybrides à fleurs successives tels *Paphiopedilum* 'Pinocchio' ou le très beau *Paphiopedilum* 'Saint Swithin' sont idéaux pour débuter, même sur le rebord d'une fenêtre. Espèces botaniques résistantes de type « Tempéré chaud » : P. *braemii, P. callosum, P. glaucophyllum, P. henryanum, P. lowii, P. primulinum, P. venustum*... Enfin, P. *insigne et P. spicerianum* réclament un peu plus de fraîcheur. Certaines espèces très belles sont plus délicates telles que *Paphiopedilum adductum, P. emersonii, P. rothschilianum,* (certains ont des fleurs de 33 cm), P. *sanderianum* (pétales pendants de 1 m),... ou P. *bellatulum* avec sa grande fleur blanche et mouchetée.

Genres de culture similaire : Les *Phragmipedium* se cultivent globalement comme des *Paphiopedilum,* mais sans ajout de dolomie au substrat et sans utiliser de l'eau calcaire. Les hybrides ayant dans la parenté *Phragmipedium schlimii* (rose), tel *P. x Sedenii,* ou *P. besseae* (orange vif), tel *P. x Eric Young,* sont vigoureux et ont des fleurs vivement colorées. Bientôt seront disponibles des hybrides obtenus avec le superbe *Phragmipedium kovachii* qui est de découverte très récente (nord du Pérou). Cette espèce possède des fleurs violettes, mauves ou roses de près de 20 cm ! Les espèces botaniques sont plus difficiles à cultiver et surtout faire fleurir : il est nécessaire de ne jamais leur faire subir de stress hydrique, de maintenir des écarts de températures entre jour et nuit et une luminosité suffisante et d'effectuer des rempotages réguliers.

Phalaenopsis 'Golden Peoker'

PHALAENOPSIS

L'orchidée par excellence ! Des hybrides florifères par milliers... de grandes fleurs aux coloris subtils et variés et dont la forme étalée rappelle les ailes d'un papillon : *Phalaenopsis* vient de « Phalène », un papillon nocturne... et pourtant, tant d'hybrides créés à partir d'une dizaine d'espèces à peine, ce qui montre bien toutes les ressources génétiques du monde végétal ! Les espèces botaniques au nombre de 62 peuplent les forêts de l'Asie tropicale et subtropicale et une espèce en Australie. Les *Phalaenopsis* hybrides sont parfaits pour s'initier à la culture des orchidées...

Phalaenopsis equestris

Phalaenopsis fasciata

Niveau de culture : • pour les hybrides en pot et dont la culture est aisée sur le rebord d'une fenêtre.
•• pour certaines espèces botaniques.
Support et substrat : Les hybrides et la majorité des botaniques se cultivent en pot en plastique, bien drainé au fond, et rempli d'un mélange du type « écorces de pin » auquel on ajoutera un peu de sphaigne. Les racines aiment vagabonder en dehors des pots, et l'utilisation de pots transparents permet de favoriser l'enracinement à l'intérieur du pot. Le rempotage s'effectue au maximum tous les deux ans. Les espèces miniatures poussent mieux sur support de liège et leur culture est donc plus délicate.
Humidité : Autour de 60 %. Mettre les plantes sur un large plateau avec de l'eau et rempli par exemple de billes d'argiles, mais sans que la base du pot ne soit en contact avec l'eau pour éviter la pourriture des racines. Les *Phalaenopsis* cultivés sur support de liège réclament plus d'humidité (70-80 %).
Températures : Climat « Tempéré chaud » pour les hybrides et la majorité des espèces, c'est-à-dire de 18 à 30 °C le jour et des nuits plus fraîches de 4-8 °C. Ne pas descendre en dessous de 12 °C. Pour induire la floraison, il faut impérativement des nuits plus fraîches, autour de 13-15 °C en fin d'été ou automne pendant 2 à 4 semaines : on peut, par exemple, entrouvrir la fenêtre de la pièce durant la nuit en fin d'été, ou sortir les *Phalaenopsis* sur un balcon ombragé en fin d'été... une fois les hampes florales formées, redonner des températures plus élevées. Cependant certaines espèces de basse altitude (peu nombreuses) sont du type « Chaud » (par exemple *Phalaenopsis gigantea*) et d'autres espèces (rares et peu cultivées) demandent une fraîcheur du type « Tempéré » à « Tempéré froid ».
Période de repos : Aucune. Néanmoins suivre la croissance de la plante : si elle se ralentie, réduire un peu les arrosages. De plus, des températures plus faibles réduisent les besoins en eau des plantes. Quelques espèces botaniques à feuilles caduques (rares et difficiles à cultiver) ont besoin d'un repos hivernal.
Eau, arrosages et engrais : Eau non calcaire. L'excès de sels minéraux (utilisation d'eau calcaire trop souvent ou excès d'engrais) provoque d'abord une croûte blanchâtre sur les racines

puis leur mort. Arroser régulièrement pour éviter un stress hydrique, mais sans excès : il faut laisser sécher légèrement le substrat entre deux arrosages successifs. Pour fixer les idées, en général un arrosage tous les 10 jours suffit si les températures sont fraîches, deux fois par semaine en cas de fortes chaleurs... Utiliser toujours une eau faiblement minéralisée. Si vous utilisez de l'eau minérale très douce (type Volvic) : arroser une fois sur deux à l'eau pure, puis l'autre fois avec cette même eau additionnée d'engrais (type croissance) à la moitié de la dose conseillée pour les orchidées. Si vous utilisez de l'eau osmosée ou de pluie, une fois avec très peu d'engrais (quart de la dose conseillée, soit 150 à 200µS) puis la deuxième fois avec plus engrais (demi dose, soit 300 à 400µS). En général la dose conseillée sur l'emballage par le fabricant des engrais pour orchidées (liquide ou en poudre) correspond à 600-800µS ce qui peut être un peu fort dans la durée. Les racines aériennes seront vaporisées chaque matin avec une eau peu minéralisée en particulier en été ou si l'air est sec.

Attention ! Ne jamais mettre d'eau dans le cœur des feuilles... c'est le talon d'Achille des *Phalaenopsis*.

Lumière : « mi-ombre claire ». Pas de soleil direct. Cependant, une fenêtre au nord ne convient pas sauf avec un apport de lumière artificielle. Culture sans soucis sous tubes fluorescents (20-30 cm sous les tubes).

Maladies : Espèces résistantes. Cependant, la pourriture noire de la tige peut faire des ravages si les plantes restent trop mouillées en particulier si les températures sont trop chaudes ou trop froides ou si les rempotages tardent à être effectués. Des cochenilles peuvent élire domicile au revers des feuilles. Lors de l'achat, il faut veiller à acquérir une plante en bonne santé (racines aériennes avec le bout vif -vert clair ou rougeâtre-, au moins trois belles feuilles adultes.)

Multiplication par l'amateur : Des pousses latérales se forment parfois (en fait, rarement) à la base des plantes très âgées. Sinon, certaines espèces et hybrides forment des keikis sur les vieilles tiges florales. Eviter d'utiliser des pâtes à keikis dont les hormones risquent de perturber la croissance et la floraison. La jeune plante sera enlevée (avec outil désinfecté) puis rempotée, seulement lorsqu'elle aura plusieurs feuilles et surtout de belles racines.

Quelques espèces : Tous les hybrides ont du charme. Quant aux espèces botaniques, les *Phalaenopsis* blancs P. *amabilis* et P. *aphrodite*, ou les espèces roses comme P. *schillerana* à feuilles mouchetées sont de culture aisée. Pour un peu d'originalité, P. *amboinensis* est superbe, ou P. *cornu-cervi* à la hampe qui ressemble à un bois de cervidé et qui fleurit en continu pendant des années... P. *philippinensis* aux feuilles marbrées et fleurs blanches, a un labelle d'un jaune d'oeuf remarquable. Enfin, P. *bellina* est très parfumé !

Genres de culture similaire : Les *Tuberolabium* dont certains sont très parfumés, mais aussi les *Doritis*.

Phalaenopsis 'Bonnie'

Phalaenopsis 'Gustave Caillebotte'

Phalaenopsis 'Zuma Gold'

VANDA & ASCOCENTRUM

Ces deux genres avec d'autres assez proches tels les *Renanthera* et *Rhynchostylis* sont répartis majoritairement dans le sud-est asiatique, du niveau de la mer jusqu'en montagne pour certaines espèces (le célèbre *Vanda coerulea* aux fleurs bleues croit entre 1 200 et 2 000 m d'altitude). Le port est monopodial et en général dressé, et les racines épaisses. Les hampes florales très généreuses en fleurs prennent naissance une à deux trois fois par an (selon les espèces) de la base d'une feuille encore assez jeune. Ces genres sont très largement cultivés aussi bien en Europe qu'en Asie où ils garnissent les jardins et balcons... car la floraison est somptueuse et de longue durée. De très nombreux hybrides souvent exceptionnels ont été créés.

Ascocenda (hybride)

Ascocentrum christensonianum

Niveau de culture : •• à •••
Culture non envisageable à long terme sur le rebord d'une fenêtre. La majorité des espèces ne supportent pas la culture en pot et sont donc cultivées en panier suspendu : ainsi les nombreuses racines aériennes peuvent vagabonder... Les besoins en humidité, mais aussi les fortes exigences en lumière, en font des plantes souvent difficiles à maintenir sur le long terme sans une bonne installation. L'idéal est une serre de balcon ou une pièce spécialement aménagée (à condition de veiller à de bons niveaux d'humidité, de ventilation et de luminosité).

Support et substrat : Culture en panier suspendu pour les plantes adultes. Néanmoins, certaines espèces acceptent la culture en pot, mais avec un mélange du type « écorce de pin » assez grossier.

Humidité : La culture en panier demande une bonne humidité (70-80 %) avec une bonne ventilation pour éviter la pourriture de la tige.

Températures : Beaucoup d'espèces et les hybrides sont du type « Tempéré chaud » ; certaines espèces montagnardes réclament des températures plus fraîches au moins pendant quelques mois de l'année (*Vanda coerulea*, *Vanda tesselata*, *Vanda liouvillei*, *Vanda lamellata*, les *Trudelia*, certains *Holcoglossum*).

Période de repos : Aucun. Certaines espèces qui poussent dans des zones montagnardes ont parfois besoin d'une période de fraîcheur avec de bonnes différences de températures entre le jour et la nuit et une luminosité assez intense pour stimuler la floraison (*Vanda coerulea* et *Holcoglossum kimballianum* en particulier), mais sans arrêt des apports d'eau (juste les diminuer un peu, puisque les températures plus faibles réduisent les besoins en eau des plantes).

Eau, arrosages et engrais : Eau non calcaire. Pour l'éventuelle culture en pot, le substrat doit sécher entre deux arrosages, et il faut vaporiser de temps en temps les racines aériennes qui vagabondent. L'eau d'arrosage peut contenir une dose suffisante d'engrais (400-600µS) à condition d'effectuer un « pré-arrosage » avec une eau moins minéralisée (pour éviter toute brûlure des racines, certes épaisses mais sensibles). L'engrais sera mis deux à 4 fois par mois selon l'état de croissance. Quant aux espèces cultivées en panier suspendu, il faut vaporiser presque tous les matins avec une eau faiblement minéralisée (type Volvic) et par exemple une fois sur deux avec un peu d'engrais dans l'eau (autour de 200µS). L'engrais foliaire est aussi utilisable. Parfois, en été, les plantes ont tendance à se déshydrater rapidement (ce qui peut leur être fatal...), et une deuxième vaporisation en début d'après-midi est nécessaire. L'idéal est plutôt d'avoir un système de « brouillard artificiel » allié à une excellente ventilation. De temps en temps, en particulier en période de forte croissance, toutes les racines et le panier peuvent être immergés le matin et pendant une minute environ dans une large bassine remplie d'eau enrichie en engrais à la dose normale.

Lumière : Forte en général, c'est-à-dire « soleil partiel » pour la majorité des espèces. Celles à feuilles très coriaces et épaisses telles *Papilionanthe teres* demandent pour fleurir une « pleine lumière » difficile à satisfaire sous lumières artificielles sans surchauffer la plante. D'autres sont plus conciliantes tels les *Trudelia*, les petits *Holcogossum* qui pourront même fleurir sous tubes fluorescents (à 10-15 cm dessous).

Maladies : Plantes résistantes mais qui ne doivent surtout pas subir une déshydratation. Cependant la pourriture de la tige qui part de sa base peut survenir en particulier si les racines restent humides durant la nuit (manque de ventilation).

Multiplication par l'amateur : Rare. Des pousses se forment parfois à la base des plantes âgées.

Quelques espèces : Les Vandas bleus hybrides sont très beaux et peuvent tout à fait réussir avec un minimum d'installation (bonnes luminosités et humidité). Leurs coloris vont du bleu ciel au bleu teinté de violet et certains ont des fleurs particulièrement grandes (plus de 10 cm) et fleurissent souvent deux fois par an. Certains Vandas de petite taille sont aussi assez faciles à satisfaire vis-à-vis de leurs besoins lumineux (tubes type « fluo-compact ») : *Vanda lamellata*, *V. lilacina* par exemple. En revanche, les Vandas de grande taille (ils peuvent atteindre facilement les 2 à 3M de hauteur...) seront difficiles à satisfaire sur le long terme. *Trudelia cristata*, himalayen au superbe labelle blanc et noir, cultivable en pot, et les petits *Holcoglossum* sur support de liège sont assez conciliants. Les *Ascocentrum*, petites plantes aux myriades de fleurs très vivement colorées peuvent être cultivées à condition d'avoir suffisamment de lumière et d'humidité bien ventilée. Charmant, l'hybride intergénérique *Doricentrum Pulcherinum* 'Kadoma' (*Doritis* par *Ascocentrum*) aux fleurs couleur cerise, est facile à cultiver même à la mi-ombre.

Genres de culture similaire : *Aerides, Euanthe, Holcoglossum, Papilionanthe, Renanthera, Rhynchostylis, Trichoglottis, Trudelia, Vandopsis.*

Trudellia cristata

Hybride intergénérique entre *Ascocentrum* et *Phalaenopsis : Doricentrum Pulcherinum* 'Kadoma'.

Zygopetalum hybride de nouvelle génération

ZYGOPETALUM

Genre sud-américain regroupant une vingtaine d'espèces certes, mais de nombreux hybrides qui sont souvent proposés par les jardineries : port sympodial assez compact, robustesse, croissance rapide, belles hampes dressées qui portent de nombreuses fleurs remarquables car très souvent parfumées (odeur de narcisse) et toujours teintées de violet ou de bleu.

Zygonisia 'Roquebrune'

Zygopetalum maxillare

Niveau de culture : •

Culture facile sur le rebord lumineux d'une fenêtre d'une pièce assez fraîche.

Support et substrat : Culture en pot. On utilise en général le substrat du type « Ecorce de pin » avec un peu de sphaigne. Les *Zygopetalum* étant souvent terrestres, le substrat à base de tourbe de coco ou celui à base de sphaigne convient bien aussi. Rempotage tous les deux ans lors du départ de la couronne de nouvelles racines.

Humidité : Autour de 60 %.

Températures : Climat « Tempéré » avec des nuits fraîches et un bon écart entre le jour et la nuit pour assurer une floraison généreuse.

Période de repos : Les hybrides et certaines espèces ont un repos hivernal, mais léger. Réduire les arrosages et les doses d'engrais tout en donnant des nuits fraîches (autour de 12-14 °C).

Eau, arrosages et engrais : Eau non calcaire. Engrais à la dose normale (autour de 500-600µS). Laisser sécher légèrement entre deux arrosages sans provoquer une déshydratation des pseudobulbes et arroser une fois sur deux avec une eau peu minéralisée et sans engrais pour laver le substrat.

Lumière : mi-ombre claire.

Maladies : Espèces et hybrides vraiment résistants. Les nouvelles pousses pourrissent si de l'eau est laissée dans leur cœur.

Multiplication par l'amateur : Par division des touffes âgées. Multiplication possible aussi par des arrières pseudobulbes mis en sphaigne humide.

Quelques espèces : Choisissez donc un hybride parfumé tel *Zygopetalum Perrenoudii* aux pétales et sépales chocolat bordés de vert et au labelle violet et strié. Toutes les espèces botaniques ont « du caractère » tel *Z. intermedium, Z. mackayi... Zygopetalum maxillare* au labelle souvent bleu fait des stolons et est plus délicat à cultiver. L'hybride *Zygonisia* 'Roquebrune' (entre un *Zygopetalum* et un *Acacallis*) aux fleurs blanches et bleues est très élégant.

Index / Thèmes

Index / Genres

ASSOCIATIONS

- **Société Française d'Orchidophilie (SFO)**, 17 quai de Seine 75019 Paris (0140 37 36 46). www.sfo-asso.com La SFO édite une revue trimestrielle « L'orchidophile ».
- **Association Française Culture et Protection des Orchidées (AFCPO)**, 23 rue d'Alsace 92300 Levallois-Perret. www.afcpo.claranet.fr L'AFCPO édite une revue trimestrielle « Orchidées Culture et Protection ».
- **Groupement Midi-Pyrénées des Amateurs d'Orchidées (GMPAO)** : www.gmpao.org
- **Societe Suisse d'Orchidophilie et associations régionales** : www.orchideen.ch/SOG/Franzoesisch/Home.htm
- **Association Rhône-Alpes Orchidées (RAO)**. http://rao.free.fr/

PRODUCTEURS FRANÇAIS

- **A.M. Orchidées**, 3 allée du cimetière 77166 Grisy-Suisnes. (01 60 62 70 08).
- **La Cour des Orchidées**, 5 rue du Morillon 91940 Gometz Le Châtel. (01 60 12 25 42). www.lacourdesorchidees.fr
- **La Canopée Orchidées**, 827 route de Kiliou, 29470 Plougastel (02 98 04 27 86). www.lacanopee.com
- **Les Orchidées de Michel Vacherot**, C.D.7 83520 Roquebrune-Sur-Argens. (04 94 45 48 59). www.orchidees-vacherot.com
- **Ryanne Orchidées**, 10 rue de la chaussée, 59570 Bavay. (03 27 69 30 55). www.orchideeryanne.com
- **Orchidées Marcel Lecoufle**, 5 rue de Paris, 94470 Boissy-Saint-Léger (01 45 95 25 25).

PRODUCTEURS ÉTRANGERS

- **Orchideeën Centrum De Wilg**, Bermweg 16-B, Nieuwerkerk a.d. Ijssel. Hollande.
- **Wubben** (Hollande). www.orchidwubben.com
- **Orchideen Kopf** (Allemagne) www.orchideen-kopf.de
- **Ecuagenera CIA LTDA** (orchidées d'Equateur, Pérou...) www.ecuagenera.com
- **Orchid Inn** (USA) (spécialiste en Paphiopedilum) www.orchidinnusa.com
- **Hourai Orchids** (Malaisie) : www.houraiorchid.com

VENTE DE MATÉRIEL

- **Les jardins suspendus** (vente de matériel de culture et d'hydroculture) : www.lesjardinssuspendus.com
- **25 boutiques en France dont celle de Paris 5e** (spécialisée dans les orchidées), 17 rue de Jussieu (01 43 36 79 70).

SITES SUR L'ÉCLAIRAGE

- **Eclairages proposés par Philips** : www.lighting.philips.com
- **Lampe Nururlite** : www.nurturelite.com

ENCYCLOPÉDIES EN LIGNE SUR LES ORCHIDÉES

- **Encyclopédie la plus complète** (presque 7000 espèces avec photographies!) par Jay Pfahl : www.orchidspecies.com
- **Encyclopédie de photographies** (de très bonne qualité) par Eric Hunt : www.orchidphotos.org